Como descobrir
e cuidar dos
ciganos
dos seu caminhos

Ana da Cigana Natasha

Como descobrir e cuidar dos ciganos dos seu caminhos

4ª edição
5ª reimpressão

PALLAS

Rio de Janeiro
2014

Produção editorial
Pallas Editora

Capa
Luciana Justiniani

Editoração
Vera Barros

Revisão
Maria do Rosário Marinho
Heloisa Brown

Ilustrações de miolo
Renato Martins

CIP-BRASIL. CATALOGAÇÃO-NA-FONTE.
SINDICATO NACIONAL DOS EDITORES DE LIVROS, RJ.

A55c
4ª ed.
5ª reimp.

Natasha, a Ana da Cigana.
Como descobrir e cuidar dos ciganos dos seus caminhos / Ana da Cigana Natasha [ilustrações de miolo, Renato Martins] – 4. ed – Rio de Janeiro: Pallas, 2014.

ISBN 978-85-347-0276-8

1. Ciganos (Espíritos). 2. Magia. I. Título.

99-0724

CDD 299.67
CDD 299.6.

Pallas Editora e Distribuidora Ltda.
Rua Frederico de Albuquerque, 56 – Higienópolis
CEP 21050-840 – Rio de Janeiro – RJ
Tel./fax: (021) 2270-0186
www.pallaseditora.com.br
pallas@pallaseditora.com.br

PALLAS

Dedico este livro a duas pessoas que são muito importantes na minha vida.

Vocês me deram força e contribuíram muito para que eu pudesse escrever este segundo livro.

Foi também com muito carinho e amor que me acariciaram enquanto eu escrevia estas páginas.

Amo vocês dois e agradeço ao Senhor do Infinito por ter-me dado um marido maravilhoso e uma filha adorável.

A você, Adilson, e a você, filha querida, Catiana Clarisse, minha ciganinha, que os ciganos sempre nos protejam, para que sejamos sempre esta família feliz.

ORAÇÃO DE SANTA SARA

(Por Ana da Cigana Natasha)

Santa Sara, minha protetora,

Cubra-me com seu manto celestial.

Afaste as negatividades que porventura estejam querendo me atingir.

Santa Sara, protetora dos ciganos, sempre que estivermos nas estradas do mundo, proteja-nos e ilumine nossas caminhadas.

Santa Sara, pela força das águas, pela força da Mãe-Natureza, esteja sempre ao nosso lado com seus mistérios.

Nós, filhos dos ventos, das estrelas, da Lua Cheia e do Pai-Sol, pedimos a sua proteção contra os inimigos.

Santa Sara, ilumine nossas vidas com seu poder celestial, para que tenhamos um presente e um futuro tão brilhantes, como são os brilhos dos cristais.

Santa Sara, ajude os necessitados; dê luz para os que vivem na escuridão, saúde para os que estão enfermos, arrependimento para os culpados e paz para os intranqüilos.

Santa Sara, que o seu raio de paz, de saúde e de amor possa entrar em cada lar, neste momento.

Santa Sara, dê esperança de dias melhores para essa humanidade tão sofrida.

Santa Sara milagrosa, protetora do povo cigano, abençoe a todos nós, que somos filhos do mesmo Deus.

SUMÁRIO

CIGANA

És uma linda flor que desabrocha ao amanhecer.

És um espírito de luz.

És a luz que clareia nossas mentes para que possamos dar um conselho na hora certa.

Es o espírito que nos dá força para superarmos todos os nossos obstáculos.

És a estrela brilhante que ilumina nossas vidas neste planeta Terra.

És um espírito maravilhoso que à noite vigia nossos sonhos, impedindo a aproximação de espíritos maléficos.

Cigana, com tuas fitas coloridas, estás sempre transmitindo a força do arco-íris.

Sempre que um aflito te invocar, possas transmitir-lhe a energia da paz, da harmonia e da consolação.

Que, ao olhar a chama de uma vela, possamos sentir tua presença.

Que, ao tocar um cristal, possamos sentir tua energia positiva.

Que, ao sentir o aroma de violetas, possamos sentir que estás nos confortando.

Cigana, cobre-nos com tua saia colorida, escondendo-nos dos invejosos e mostrando a eles que o caminho não é esse.

Cigana encantada, que nesta hora possamos sentir segurança, paz e felicidade.

Com teu encanto, encanta coisas boas para que os nossos caminhos não tenham obstáculos.

Desencanta todas as perturbações que existam nos lares.

Cigana, cura aqueles que estejam doentes do espírito, da alma e da matéria.

Com o poder do Pai-Sol,

Com o poder da Mãe-Terra,

Nós te pedimos que nossos pedidos sejam atendidos.

Por Santa Sara, a padroeira dos ciganos, e por todos os espíritos ciganos que viveram e sofreram nesta Terra, nesta corrente de fé, cigana.

CIGANO

Cavaleiro da noite e do dia, homem forte e corajoso, és a força de um grupo cigano, és poder.

Com teu violino encantas a Lua Cheia.

Com teu sapateado ajudas a Mãe-Terra a sentir teu lamento cigano e sentes na relva a energia mais profunda da natureza.

Ao olhar a fogueira, decifras o que dizem as labaredas, pois é na chama do fogo que são revelados os mistérios do mundo.

Cigano, com teus dados revelas o passado, o presente e o futuro da humanidade.

Cigano, com teu punhal te sentes mais seguro contra as maldades do mundo.

Cigano, és homem forte e seguro do que queres.

Cigano, és amor, carinho, ternura e paixões ardentes.

Cigano, pareces com a árvore frondosa de tronco grosso, a proteger-nos das falsidades desta vida terrena.

Ao olhar para o infinito, possa eu sentir a tua energia.

Cigano, ao olhar a chuva caindo na relva, possa eu sentir-te lavando-me das impurezas deste mundo; e, ao olhar a chama de uma vela, possa eu sentir-te a dizer- me: "Estou te protegendo."

PRIMEIRA PARTE

OS ESPÍRITOS CIGANOS

TRADIÇÃO CIGANA

Existe uma curiosidade sobre o povo cigano, que é um dos seus maiores mistérios: seu princípio fundamental de vida é a preservação da sua liberdade.

Nós, ciganos, necessitamos da força da natureza para recarregar nossas energias e fortalecer nossa aura, para continuarmos a sobreviver. Essa necessidade de estar em contato com a natureza é fundamental para todos os ciganos.

O Sol e a Lua, em contato com um grupo cigano, transmitem energia e força para superarmos todos os obstáculos que porventura venham a atrapalhar nossa caminhada.

O fogo é fundamental, pois é ele que nos dá a vidência na fogueira e que afasta as negatividades.

A chuva nos renova para lutarmos por um mundo melhor, purifica nossos corpos e nossas mentes.

É a fé que nos dá força para vivermos neste planeta Terra; é a terra que nos dá energia, por vivermos em contato com o solo-mãe.

Ao deitarmos sobre a Mãe-Terra, ela nos dá descanso, paz e tranquilidade; ao acordarmos, sentimos que somos felizes e alegres.

Assim nossos antepassados nos ensinaram a viver em liberdade, com a natureza que Deus criou.

Obrigado, Natureza, por conservarmos a doutrina dos nossos antepassados.

SONHO DE PAZ

Caminhar descalça pela relva molhada me dá uma sensação de paz.

O contato direto com a Natureza fornece energia positiva para o meu corpo: o chakra dos meus pés absorve a força da Mãe-Terra.

Deparo-me com uma árvore frondosa, de tronco grosso e galhos altos, que parece dizer-me: "Dê-me um abraço!" Não penso duas vezes: abraço-me a essa árvore tão linda. Sinto que estou sendo acariciada pela Natureza; encosto o rosto no seu tronco e converso com este ser vivo.

Volto a caminhar pela relva, até que vejo um rio de águas claras que parece dizer-me: "Pode matar sua sede!" Abaixo-me e bebo daquela água pura e cristalina. Depois, entro no rio e começo a me banhar; nesta hora, sinto que estou lavando meu corpo por fora e por dentro.

Ao sair do rio, deparo-me com uma enorme pedra que parece dizer: "Venha, sente-se em mim, descanse que eu lhe darei minha força!" Escalo a pedra e sento-me bem no seu centro; tenho a sensação de estar no seu colo. Aí fico, mentalizando e olhando o infinito.

O Sol aparece por trás das nuvens, secando minhas roupas e energizando-me com seu calor.

Desço da pedra e volto a caminhar pela relva. Já não estou molhada, mas continuo com a sensação de liberdade.

Avisto um rebanho de carneiros e ovelhas, todos branquinhos, vindo na minha direção; paro e observo o espetáculo tão lindo. Atrás vem um menino com um cajado, tangendo o rebanho. Afasto-me um pouco para o lado direito e o rebanho passa. Sinto, nesse momento, a presença de Deus e uma grande paz.

Já é tarde e o Sol logo irá embora. Volto para o acampamento, onde posso contemplar o espetáculo do pôr-do-sol. Este desaparece no horizonte, com uma linda cor alaranjada, quase avermelhada. A noite está chegando.

Enquanto contemplo o infinito, a Lua aparece linda e imponente, cheia de luz, clareando a Mãe-Terra. Sento-me no chão, em contato com a terra, e ali fico recebendo a força e a luz da Lua Cheia. Observo um cortejo de pontos luminosos: são as estrelas que, junto com a Lua Cheia, reforçam a energia da Mãe-Terra. Adormeço sob a energia positiva dessa claridade.

Acordo quando o Sol está saindo; o lindo espetáculo do nascer-do-sol parece dizer-me: "Levanta-te, estás energizada pela Natureza! Vai, cumpre teu destino, leva a quem precisa tua palavra de conforto; procura consolar os desesperados, dá a força das tuas mãos àqueles que precisam delas para caminhar." Então, levanto-me. Olhando a relva, avisto muitas flores desabrochando, exalando um aroma embriagador, perfumando a Mãe-Terra. Estou realizada, feliz por ter o privilégio de estar em contato direto com a Natureza que Deus criou.

Feliz daquele que carrega em seu coração amor, em vez de frustração e rancor.

Obrigado, meu Senhor do Infinito, por ter-me dado a oportunidade de estar em contato com a Natureza que o Senhor criou.

Feliz daquele que pode realizar o dom que Deus lhe deu.

ENERGIZAÇÃO DOS ESPÍRITOS CIGANOS

Para fazer a energização de um espírito cigano, é necessário que se tenha conhecimento dos fundamentos do cigano ou cigana que vai ser energizado. Pois, se a energização não for feita de modo correto, certamente produzirá efeitos bem diferentes dos desejados.

Em primeiro lugar, é importante que você saiba que, quando falamos do "pote de energização", isso não significa que o cigano ou a cigana está energizado em um pote de vidro. Pote é o nome genérico do objeto ou recipiente que foi utilizado para a energização.

Podemos energizar um espírito cigano em vários tipos de potes, dependendo do fundamento desse cigano, isto é, do pote de sua preferência. Os ciganos são energizados nos mais diferentes tipos de potes, mas nunca será feita uma energização de espírito cigano em um baú. Em baú se faz magia, não energização.

Resumindo, um espírito cigano pode ser energizado em um pote de vidro com pé, em um pote de vidro sem pé, em um barco dourado, em um barco prateado, em um jarro de porcelana, em uma charrete, em uma carroça e em outros tipos de potes. Há espíritos ciganos que são energizados em frutas, pedras, braceletes, gargantilhas... Por exemplo, a energização da cigana Carmelita é feita em um barco dourado. Sabe por quê? O grande amor da vida da cigana Carmelita foi um pescador, que a presenteava com conchas, pérolas e outras coisas do mar. Mas seu último presente para Carmelita foi a miniatura de um barco, feito em latão dourado, do qual ela nunca se separou.

O exemplo acima nos mostra como é necessário o conhecimento dos fundamentos, das preferências do cigano ou cigana que vai ser energizado.

HISTÓRIAS DOS ESPÍRITOS CIGANOS

1) Cigana Ariana

O acampamento cigano estava em festa: era o dia 14 de agosto de 1790.

A Lua estava Crescente e, naquela madrugada, a cigana Florian ia dar à luz pela primeira vez. A alegria era contagiante, pois a cigana Florian ia ser a mais nova mãe do grupo: ela estava com 13 anos e tinha somente dez meses de casada. Todos os ciganos estavam felizes; a cigana Florian era a pérola do grupo.

Para os ciganos, o ser que ia chegar era muito especial: era um novo elemento do Universo, que trazia uma mensagem de esperança para todos os ciganos. Era também o sinal da continuidade da raça. Esse nascimento era o começo de uma nova família.

O cigano Artêmio estava feliz: ia nascer seu primeiro filho e, com o nascimento deste ser, o jovem pai ganharia prestígio, autoridade e responsabilidade iguais aos dos mais velhos pais do grupo.

Os violinos tocavam músicas alegres e todos dançavam ao redor da fogueira sagrada. Em dado momento, a música parou e todos começaram a rezar, pedindo a Santa Sara que Florian tivesse um bom parto e que a *chinorré* (criança) fosse coroada de felicidade. Nesse silêncio, nasceu a filha de Artêmio e Florian; seu choro foi ouvido por todos os ciganos do grupo, que logo começaram a cantar e dançar, batendo palmas a acompanhar a música, alegres pela chegada de um novo ser no planeta Terra. Como sempre, o violino deu um tom mais profundo à música, e a festa foi até o Pai-Sol nascer.

No dia seguinte, foi feito o ritual mais marcante, que é o batismo cigano.

A cigana Florian deu o seio ao novo ser, para a primeira mamada. Nesse momento, soprou no ouvido da *chinorré* seu nome. Como fora uma menina que chegara de madrugada ao grupo cigano, seu nome foi feito da junção das primeiras letras do nome do pai, "ar", com as últimas letras do nome da mãe, "ian", formando assim o nome Arian. Mas todo o grupo passou a chamá-la de Ariana.

Esta é a mensagem da cigana Ariana, agora que ela é um espírito que vem nos ajudar:

"Que todos tenham no seu coração a plantinha do amor, pois jogando a semente no seu coração, ela irá crescer dentro de você e, quando você menos esperar, crescerá a planta mais bonita que a humanidade pode ter no coração: o amor.

Não desanime, lute, mas lute com todas as suas forças para superar todas as dificuldades da sua vida; pois o povo cigano lutou muito e hoje está aí, sobreviveu a todas as maldades e perseguições.

Hoje sou um espírito e venho à Terra dar minha força para que vocês superem todos os obstáculos do seu caminho; mas o fundamental é plantar a semente do amor no seu coração."

2) Cigano Bóris

Bóris é um cigano de cabelos grisalhos, com bigode e barba cerrada, moreno e de olhos verdes. Usa calça azul-marinho e blusa branca. Não dispensa seu colete de veludo vermelho e seu chapéu branco.

Quando fez a passagem para o plano astral, não era mais um jovem, mas um ancião. Ele era o conselheiro do seu grupo; foi um *Kaku* (mago, sábio), que acabou seus dias só neste planeta.

Quando chega à Terra, ele pronuncia as seguintes palavras:

> "Já fui novo, hoje sou velho;
> Já fui vencido e já venci;
> Já caí e me levantei;
> Já tive fome e me alimentei;
> Já chorei e já sorri;
> Já fui triste, hoje sou alegre;
> Já tive corpo, hoje sou um espírito;
> Já tive mulher, e no fim da vida vivi só.
> Hoje tenho todos vocês em um só ideal.
> Venho para ajudar, para lutar e retirar barreiras dos caminhos para vocês passarem. Sou um espírito cigano igual a outro qualquer, não sou melhor nem pior; sou o cigano Bóris que acabou de chegar."

Nesse momento, ele pede um cálice de vinho tinto rascante e oferece a cada assistente um gole, dizendo:

> "Que este gole seja o remédio para solucionar seus problemas e que, ao se misturar com seu sangue, o purifique e leve ao seu cérebro a calma e a paz para seu dia-a-dia."

3) Cigana Carmencita

Carmencita é uma cigana espanhola, da Andaluzia.

Usa roupas coloridas, sem preferência de cor. Não dispensa os colares, os anéis e as pulseiras. Suas argolas são sempre de ouro. Adora tocar castanholas, principalmente quando dança ao redor da fogueira. Ela não dispensa um pandeiro com fitas finas e coloridas.

Todas as pessoas que têm esta cigana em sua aura jogam cartas e patacas; têm também um cristal de malaquita, que Carmencita não dispensa para suas magias.

Suas oferendas são sempre feitas aos sábados, até as 10 horas da manhã e com o Sol iluminando o planeta Terra. Nunca coloque oferendas para Carmencita em um dia nublado.

4) Cigana Conchita

Esta cigana tem a pele clara e os cabelos pretos, que usa presos em uma trança jogada para o lado direito. Sua saia é estampada e complementada por uma blusa vermelha. Usa muitos cordões, um deles com um pingente de topázio. Os dedos das mãos estão sempre ornamentados com diversos anéis, e não dispensa uma flor vermelha nos cabelos. Ela adora ganhar presentes, principalmente de flores, pois com elas faz seu perfume e suas magias. As cartas do seu baralho têm símbolos próprios.

A cigana Conchita é espanhola, originária da Galícia. Gosta de música e adora tocar castanholas. Quando chega à Terra, tem sempre uma palavra de conforto para os aflitos; é meiga e carinhosa, e sempre fala assim:

"Sou da Galícia;
Sou galega, com muita honra;
Sou amor, sou uma flor;
Sou cigana do passado para ajudar no presente;
Sou espanhola.
Com minha saia colorida, danço rodopiando;
Com meu sapateado amasso as ruindades
E coloco a paz neste lugar."

5) Cigana Damira

Conta a tradição que, certa vez, estava uma cigana sentada em uma grande almofada colorida, no interior de sua tenda, quando em sua frente formou-se um clarão azul-celeste. Desse clarão surgiu a imagem de uma linda mulher, sem características de cigana, mais parecendo uma daquelas deusas da mitologia grega.

A mulher usava uma longa túnica e um véu que cobria seu nariz e sua boca, deixando descobertos somente seus grandes olhos negros.

A linda mulher começou a falar com a cigana, usando um dialeto que ela desconhecia, mas que sua mente captava e transformava em uma mensagem:

"A partir de agora, cigana, você usará pedras em suas magias. Bem perto daqui, existe uma gruta repleta de pedras. Vá até lá e apanhe muitas pedras coloridas."

Em seguida, o clarão se desfez, levando consigo a imagem da linda mulher.

A cigana ficou muito assustada com tudo que acontecera, principalmente porque pedras não faziam parte dos rituais de seu povo. Levantou-se e foi caminhar pelos montes, onde existia uma cachoeira. De repente, observou que havia uma grande abertura nas rochas da cachoeira, e lembrou-se da mensagem que ouvira. Caminhou até a rocha, passou pela grande abertura e avistou uma gruta com muitas pedras, todas cheias de pontas e das mais variadas cores. Até parecia que um arco-íris estava ali, dentro da gruta.

A cigana voltou ao acampamento, apanhou uma candeia para clarear a gruta, que era um pouco escura, e uma ferramenta com que pudesse bater nas pedras e quebrá-las em pequenos pedaços; e foi para a gruta na cachoeira.

Algum tempo mais tarde, saiu da gruta e voltou para o acampamento levando muitas pedras pontiagudas de várias cores; espalhou-as no tapete de sua tenda e começou a admirá-las. As pedras transmitiam uma luz e uma força que a cigana desconhecia. Nesse momento, apareceu o mesmo clarão com a imagem da linda mulher, e a mente da cigana captou uma nova mensagem:

"Esta será a sua nova magia. A magia das pedras, dos cristais. Eu lhe darei a força da Atlântida e você será a primeira mensageira dos cristais no planeta Terra. Com os cristais, você e seu povo cigano farão mentalizações para todas as finalidades: curar doenças, atrair sorte e prosperidade no amor e nos negócios, afastar negatividades e muitas outras mais."

Em seguida, o clarão azul e a linda mulher desapareceram.

A cigana procurou o chefe de seu grupo e contou tudo que acontecera. Todos do grupo se reuniram e, junto com a cigana, foram até a gruta, mas só avistaram a cachoeira e as rochas, porque a abertura que levava até a gruta, inexplicavelmente, não existia mais.

Voltaram para o acampamento e, após uma longa conversa, concluíram que tudo não passara de energias do passado atuando no presente, diretamente sobre a cigana, que fora escolhida para ser a primeira cigana a usar pedras e cristais em suas magias. Por isso, ela é chamada de cigana Damira, a rainha dos cristais.

Sempre protegida por uma deusa de Atlântida, era uma das preferidas do Faraó Aknaton.

Este é o porquê dos ciganos usarem pedras e cristais em suas magias.

6) Cigano Dorim

Dorim foi o irmão mais novo da cigana Kerumã, cuja história é contada mais adiante.

No dia 6 de julho de 1099, onze meses após o nascimento de Kerumã, em Timisoara, nasceu o ciganinho Dorim, o primeiro filho de Pavalov e Karim.

Inexplicavelmente, tudo que acontecera no nascimento de sua irmã Kerumã repetiu-se com o lindo ciganinho Dorim: depois da ventania, o ciganinho nasceu coberto por uma pele dourada.

Da masma forma como fizera após o nascimento de Kerumã, a velha Zíngara pediu a Pavalov um pedaço de sua camisa; pediu também uma porção de crina de cavalo e de lã de carneiro, dizendo ao cigano:

"Vou fazer um talismã que será o pingente de um cordão que você colocará no pescoço de Dorim no dia em que ele completar sete anos, para que, no futuro, ele seja um homem honesto e trabalhador."

Pavalov cumpriu o que combinara com a velha Zíngara e, realmente, Dorim foi o orgulho de seu grupo: um jovem honesto, trabalhador e íntegro em todas as suas atitudes. Durante sua passagem pelo planeta Terra, dedicou-se a praticar o bem e a ajudar seu povo cigano.

Esta é a história de Dorim, cigano moreno, de cabelos pretos, rosto arredondado como a Lua Cheia e olhos negros, que desencarnou ainda jovem.

Apaixonado pela música, nunca dispensa seu violino. Este cigano tem porte de príncipe e andar elegante.

Quando Dorim está incorporado, começa seus trabalhos espirituais fazendo uma louvação:

> "A música nos faz viver e lutar.
>
> Melhor que reviver o passado e viver o presente, é não se preocupar com o futuro porque as estrelas, pontos luminosos no céu, se encarregam de avisar a hora certa, para onde ir, chegar e partir.
>
> Sou cigano, já percorri várias estradas com variadas cores.

Sou encanto. Sou do passado e do presente. O futuro, só ao Dono do Infinito pertence."

Sempre, nesse momento, uma mulher se aproxima de Dorim e entrega-lhe uma rosa vermelha. O cigano olha para a mulher e, com um lindo sorriso de agradecimento, diz:

"É uma rosa com carinho para um cigano de vários amores. Mas neste momento, mulher da rosa vermelha, o meu olhar de carinho é somente seu."

Beija a rosa e devolve-a à mulher, que entrega ao cigano seu inseparável violino. Dorim começa a tocar o instrumento, ao mesmo tempo em que canta, com voz terna e apaixonante:

> "Sou cigano andarilho, sou do mundo e do espaço. Cheguei para alegrar os que sofrem de amor.
>
> Com meu amor, eu retiro de seus corações sofridos a raiva e o rancor que eles aprenderam a conhecer no planeta Terra.
>
> Música, muita música, de paixão e consolo para corações tristes, eu vou cantar.
>
> Vamos esquecer o passado. Vamos viver o presente, na esperança de que o futuro seja mais alegre que o amor, e ardente de paixão como aquela rosa vermelha."

7) Cigano Ferran

Na noite de 13 de dezembro de 1710, no sul da Espanha, numa época de inverno rigoroso, nasceu o pequeno Ferran, filho da cigana Carmelita.

Foi uma noite de muita alegria no acampamento. Ao redor da fogueira, que espalhava uma luz alaranjada, os ciganos dançaram alegremente, ao som de violinos.

O tempo foi passando e, quando o lindo ciganinho completou três meses, Carmelita observou algo de estranho em seu filho: os olhos do ciganinho mudavam de cor – havia dias em que eram verdes e outros em que eram azuis.

Muito assustada, a cigana buscou uma explicação com sua *shuvani* (mulher mais velha do grupo, uma espécie de sacerdotisa). A sábia mulher explicou a Carmelita:

"O ciganinho Ferran é o verdadeiro camaleão. No entanto, não há motivos para preocupação, porque a vida de seu filho será tão normal quanto a dos outros ciganinhos."

A velha sábia tinha razão. Quando Ferran completou sete anos, a cor dos seus olhos se fixou: seu olho direito era azul e o esquerdo era verde. Nunca mais houve troca de cores.

Nessa idade, ele também começou a ter vidências; muitas delas ajudaram o povo cigano.

Quando Ferran completou 18 anos, partiu do planeta Terra. Seu corpo foi encontrado à sombra de uma frondosa amoreira e a causa da sua morte nunca foi estabelecida.

A partir daí, o grupo cigano ao qual Ferran pertencia foi envolvido por um mistério: se algum perigo ameaçava o grupo, Ferran aparecia para sua mãe e explicava a maneira pela qual poderia afastar-se dele.

8) Cigana Íris

Esta cigana faz sua magia com as maçãs vermelhas. Quando joga suas patacas (radem, ou moedas), precisa ter uma maçã cortada em quatro partes. É com esta maçã que ela confirma suas previsões.

A cigana íris usa sempre um lenço vermelho nos cabelos: é com este lenço que forra a terra para jogar as suas patacas.

Íris adora a cor vermelha. Diz que é a força ardente das paixões, do amor e do sangue que corre nas veias dos seres humanos para que eles sobrevivam no planeta Terra.

Esta cigana tem um certo mistério, de que infelizmente não podemos falar. Quem tem esta cigana, precisa tomar muito cuidado, pois foi da maçã que veio o pecado original da humanidade.

Ela não gosta de mentiras e não admite que as pessoas finjam estar incorporando seu espírito; quando isso acontece, dias depois a pessoa começa a ter dores de cabeça, tonteira e outros problemas de saúde. Cuidado com a meiguice da íris, pois ela é perigosa quando está irada.

9) Cigana Kerumã

Era o dia 26 de agosto de 1098. Em Timisoara, cidade da Romênia, um grupo de ciganos ali acampados fazia seus rituais de energização da Lua Cheia, em torno de uma fogueira.

De repente, a noite, que era de céu claro e estrelado, tornou-se escura. Um forte e estranho vento invadiu o acampamento, agitando a lona de todas as tendas, como se quisesse transmitir uma mensagem.

A velha Zíngara chamou insistentemente por Pavalov, para avisar que Karim, sua mulher, acabara de dar à luz uma linda ciganinha, que viera ao mundo envolta em uma pele amarelo-dourado, mais parecendo uma gema de ovo.

Embora seu coração carregasse uma felicidade imensa, Pavalov também estava envolvido por uma dúvida; por isso, perguntou à velha Zíngara o que seria feito daquela estranha pele que envolvera a pequena Kerumã, sua primeira filha.

Zíngara pediu ao cigano um pedaço de sua camisa. No retalho colocou um pedacinho da estranha pele que protegia a ciganinha, dizendo a Pavalov:

"Vou fazer um talismã que você entregará à Kerumã quando ela completar 15 anos."

O tempo passou e, na festa de 15 anos da linda ciganinha, seu pai colocou-lhe no pescoço um cordão de ouro cujo pingente era o talismã que a velha Zíngara fizera no dia de seu nascimento.

A partir daí, a cada ano que se passava, Kerumã ficava cada vez mais linda e, durante sua passagem pelo planeta Terra só conheceu a sorte. Sua disposição para o trabalho e a felicidade que irradiava para seu povo cigano eram invejáveis.

Não existiu, em seu grupo, cigana mais linda e feliz que ela.

10) Ciganos Killiaq e Lilliaq, o casal de gêmeos

Eles trabalham juntos. Killiaq e Lilliaq são doces e amáveis, e adoram dar conselhos.

Killiaq e Lilliaq trabalham com as frutas do campo. Há uma magia destes ciganos feita com carambolas, que eles costumam dizer que são as estrelas da Terra. Eles pegam, cada um, um pedaço da carambola, cortada em estrelas, colocam nas mãos e recitam a seguinte oração:

> "Estrela que foi cortada com a faca, corte todo mal desta pessoa com sua força. Assim como você alimenta, faça que esta pessoa fique forte e que nada lhe atinja de hoje em diante."

Em seguida, colocam as duas estrelas em um prato de louça e cobrem-nas com açúcar cristal. Dizem então para a pessoa levar o encanto para a beira de um rio e deixar que as águas levem as estrelas, para sua puri-ficação.

11) Cigana Nazira

Suas roupas são coloridas, mas o amarelo-ouro tem que predominar.

Em suas magias, ela usa o quartzo citrino, seu cristal preferido. Suas rosas e fitas são sempre amarelas, nunca vermelhas, porque esta cigana não usa a cor vermelha.

Na cabeça, ela leva uma tiara de flores amarelas. Nazira não usa baralho comum nem baralho cigano em seus jogos; suas cartas têm símbolos próprios.

Suas oferendas são colocadas em campo verdejante. Nazira não aceita oferendas na praia, porque a água salgada corta suas energias. Ela diz que a água salgada é sagrada para todos, mas o mar é para descarregar.

Quem tem esta cigana na aura, joga cartas e manuseia cristais para cura.

Oferendas para a cigana Nazira devem ser colocadas até as 10 horas da manhã, porque este é o período em que o dia está na força da Lua; mas nunca devem ser feitas em Lua Minguante.

12) Cigana Pogiana

Num lindo dia de primavera, a cigana Pogiana caminhava entre as flores do campo, quando encontrou uma macieira toda florida. Encantada com as flores, ela apanhou algumas e colocou-as nos cabelos. Desse dia em diante, passou a usar flores de macieira para fazer perfumes. Hoje ela é um espírito e toda sua magia tem que ter a flor da macieira, o fruto e a essência ou o perfume de maçã. A cigana Pogiana também adora usar a saia estampada com desenhos de maçãs.

As pessoas que têm esta cigana em sua aura deverão ter sempre uma cesta com maçãs vermelhas e o ambiente onde vivem deve estar sempre energizado com essência de maçã. Para fazer esta energização, pode-se colocar uma bola de algodão, umedecida com essência de maçã, dentro da cesta de maçãs da cigana.

Pogiana gosta de roupas coloridas, mas a cor vermelha tem que predominar; seus cristais preferidos são o quartzo rosa e a pirita.

Pogiana é a cigana da magia do amor, dos sentimentos; ela tem magia e encanto. Suas oferendas são sempre colocadas debaixo de uma árvore bem frondosa, quando o Pai-Sol estiver nascendo.

13) Cigano Rafael Shantal

É um cigano de meia-idade. É o mensageiro da paz e do amor; não gosta de maldade e não dispensa suas orações em prol da fraternidade dos seres humanos. Ele tem origem nos djins (espíritos da antiga Arábia).

Sua roupa é igual à que os sacerdotes usavam no santuário desaparecido da Atlântida: é composta por uma ampla capa aberta até os pés, com mangas largas, que cobre a túnica ajustada por um longo cinto de cetim esverdeado. As calças de seda branca brilhante são ajustadas nos tornozelos, como as usadas pelos esquiadores. Usa um turbante de muitas pregas com uma esmeralda no meio. Usa também vários cordões finos, em diversas cores claras, caindo nos ombros.

Quando uma pessoa incorpora o cigano Rafael, aprende a usar uma moeda antiga, indicada pelo próprio cigano; é através dessa moeda que Rafael, quando incorporado, revela seus mistérios.

Toda vez que chega, Rafael recita esta oração:

> "Eu vos invoco, Senhores Imortais, povo oculto pelo poder dos Maias, testemunhas do continente submerso, de povos e civilizações passadas. Sois representações vivas de tudo que houve no passado distante. Guardais os segredos da Atlântida, sois as testemunhas da evolução da Terra em suas etapas.
>
> Eu apareço quando alguém me invoca; revelo meus segredos numa moeda antiga, isto é, arcaica.

Eu sou a justiça do passado, a justiça do presente e a esperança de que também haja justiça no futuro para esta humanidade atormentada."

É aceso incenso e ele espalha essência de canela nos quatro cantos; em seguida, pega a esmeralda na mão e começa a trabalhar.

14) Cigano Ramão

O cigano Ramão, ou Ramon, é também conhecido como Rei Salomão. É um cigano de meia-idade, que não dispensa seu violino nem seu punhal de ouro com um rubi no cabo.

Usa um blusão colorido com as cores do arco-íris, aberto no peito. No pescoço carrega um grosso cordão com uma estrela de seis pontas, que fica bem na direção do plexo solar. Sua calça é azul-marinho, com uma larga tira dourada dos lados.

Na cintura usa uma faixa vermelha; na cabeça, um lenço vermelho e, na orelha esquerda, uma argola de ouro.

Quando Ramão incorpora, todos o reconhecem, porque ele diz:

"Noite fria que fazia,
Todos no acampamento já dormiam;
Só Ramão passava lá na beira da estrada.
Cigano não tem casa, cigano não tem morada,
A morada de Ramão é na beira da estrada."

Acabando de dizer estas palavras, pega seu violino e começa a tocar músicas tão lindas que deixam qualquer pessoa sensibilizada.

15) Cigana Sarita

Sarita é uma cigana jovem, de origem espanhola e que gosta de roupas coloridas, mas suas cores preferidas são o verde, o vermelho e o amarelo.

Ela usa muitos colares e anéis, todos eles com rubis. Na cabeça, usa uma tiara de flores vermelhas. Não dispensa suas castanholas nem o pandeiro com fitas coloridas penduradas.

Quando Sarita incorpora, coloca imediatamente argolas grandes e douradas, porque ela afirma que suas argolas são o equilíbrio mental das pessoas com quem com ela trabalha.

Sarita tem muitos segredos, que poucas pessoas conhecem.

Uma característica marcante das pessoas que incorporam esta cigana está relacionada com o amor. Normalmente, são pessoas que vivem vários relacionamentos amorosos, mas que não têm muita sorte no amor. São também pessoas muito sensíveis, do tipo "com os nervos à flor da pele".

Quem incorpora Sarita, e quem não incorpora mas tem esta cigana na aura, não pode esquecer de colocar uma oferenda para ela, pelo menos duas vezes no ano.

16) Cigana Tainara

É a cigana do vermelho, das tâmaras e do damasco. Tem a pele clara, cabelos ruivos e olhos esverdeados.

Sua saia é composta de muitas tiras, terminadas em bicos, feitas com panos lisos de várias cores. Em cada bico ela coloca uma moeda. A blusa é sempre vermelha. Na cabeça usa um lenço vermelho e, na direção do terceiro olho, um rubi. Esta pedra é seu mistério.

Em suas magias, só usa velas vermelhas e diz que é na chama dessas velas que está sua força espiritual. Em seus rituais, Tainara invoca as salamandras.

Suas frutas são as tâmaras e o damasco; ela não aceita outras frutas em suas magias.

Quando esta cigana dança em volta da fogueira sagrada, com certeza, está fazendo alguma magia. Mas, se retira o lenço da cabeça, todos já sabem o significado: é seu grito de guerra. Tainara está indo lutar para conseguir realizar algum desejo, algum pedido muito difícil.

17) Cigana Tamíris

Esta cigana usa roupas muito coloridas, com todas as cores, exceto o preto. Não devemos esquecer que cigano não usa a cor preta, nem mesmo misturada com outras cores.

Na saia ela coloca várias fitas coloridas e, na ponta de cada uma, prende uma moeda dourada. Só usa colares e pulseiras de moedas.

Tamíris não gosta de muitos anéis. Usa no máximo dois, nos dedos indicadores das duas mãos. Em suas argolas ela tem um mistério muito profundo; ela pendura, em uma delas apenas, uma estrela dourada de cinco pontas.

Tamíris não faz leitura de cartas. Ela faz suas revelações pela leitura das linhas das mãos dos consulentes. Ela usa muitos cristais, mas seu preferido é a fluorita, que ela diz ser a pedra da visão, do terceiro olho.

Tamíris gosta muito de todas as frutas; mas suas preferidas são a pera e a uva. Se você quiser fazer uma oferenda à Tamíris, como, por exemplo, uma cesta de frutas, não esqueça de colocar peras e uvas, além de fitas coloridas com moedas presas nas pontas.

As oferendas de Tamíris devem sempre ser feitas aos domingos, ao nascer do sol.

18) Cigana Thaís

Cigana morena, de olhos pretos, cabelos castanho-escuros e meiga até para falar, Thaís é a cigana das flores; suas magias são feitas com pétalas de flores das mais variadas cores. Gosta de usar saia com estampa de flores bem colorida, blusa azul, lenço amarelo e, na cabeça, uma tiara de flores de várias cores.

As pessoas que têm a cigana Thaís em sua aura, ou que têm por ela simpatia, estima ou admiração, devem enfeitar sua casa, seu ambiente de trabalho ou o local onde a cigana faz suas incorporações, com muitas flores bem coloridas, em cestas ou jarros. O mistério da cigana Thaís está nas flores e nas suas essências.

A cigana Thaís só incorpora nas fases de Lua Cheia e Crescente. Quando incorpora, ela diz:

"Sou um botão que não nasceu,
Sou uma rosa que não perfumou,
Sou somente um encanto que chegou."

Em seguida, pede uma flor de girassol. Segura-a na mão esquerda e diz:

"Aos campos floridos e ao aroma das flores eu, cigana Thais, peço que retirem todas as negatividades e que energizem o ambiente, na força da flor do sol."

Enquanto está incorporada, ela trabalha com o girassol na mão esquerda. Quando se aproxima a hora da partida, ela coloca a flor em um prato de vidro e diz:

"Aqui fica minha magia para qualquer pessoa que dela precisar. Também deixo minha força divina, que me foi oferecida pelo Pai-Sol.

Sou um botão que não nasceu,

Sou uma flor que não perfumou,

Sou somente um encanto que chegou e que já vai partir.

Não sei a hora em que vou chegar ou partir, mas sei que sou a cigana da paz e, quem tem fé nas minhas magias, sentirá o aroma das flores onde eu estiver, na Terra ou no espaço."

19) Cigano Wlais

É um cigano de grande sabedoria, que pede forças diretamente a *Dieula* (Deus). Quando está incorporado, recita a seguinte oração:

"Sou cigano;

Já pulei obstáculos,

Já venci os inimigos,

Já percorri desertos,

Já percorri alamedas e estradas,

Já dormi no sereno,

Já fui molhado pelo orvalho,

Já cavalguei com meu cavalo léguas e léguas.

Hoje sou um espírito de luz que vem para ajudar um necessitado, dando conselhos e palavras amigas, mostrando o caminho certo a alguém que esteja perdido neste emaranhado de coisas ruins.

Sou amigo dos meus amigos, companheiro de meus companheiros. Sou espírito de luz suprema.

Estou num plano supremo onde só existe paz.

Sou cigano das estradas luminosas do plano astral.

Sou espírito elevado a que o Rei do Universo deu a permissão de voltar à Terra para completar minha missão.

Dieula me abençoou, Santa Sara me iluminou para que eu fosse o veículo de paz neste planeta Terra, a luz suprema que ilumina as estradas do mundo. Luz que ilumina todos os espíritos ciganos que só querem que este planeta Terra tenha alegria e paz.

Faça *Dieula* que eu seja o espírito da luz, para clarear todas as mentes perturbadas deste planeta Terra.

Sou o cigano Wlais, avô de Ariana."

20) Cigana Wlanasha

É uma cigana linda, de pele clara e cabelos amarelados que lembram uma espiga de milho e que brilham como ouro, quando em contato com o sol.

Wlanasha só usa roupas de cor amarelo-ouro e com muito brilho. Seu metal preferido é o ouro; seu cristal é o topázio. No pescoço usa um cordão de ouro, com uma estrela de cinco pontas de ouro, que tem no centro um topázio em forma de pirâmide. Usa no pulso um lenço amarelo, amarrado e com as pontas soltas. Na cabeça usa um lenço dourado e brincos de ouro, em forma de leque. Enquanto está incorporada, segura na mão uma rosa amarela. As velas e rosas em suas magias são sempre amarelas.

Ela não faz magias para o mal; suas magias preferidas são aquelas feitas para defesa contra arma-dilhas dos inimigos e contra a inveja.

Wlanasha, a cigana preferida de *Bel-Karrano* (Deus-Céu), é irmã gêmea do cigano Wladimir. Por isso, sempre que entregamos uma oferenda para a cigana Wlanasha, temos que entregar outra para o cigano Wladimir.

SEGUNDA PARTE

COMO CUIDAR DOS ESPÍRITOS CIGANOS

DESCOBRINDO OS CIGANOS PROTETORES DOS SEUS CAMINHOS

Cada pessoa tem seu caminho; este é representado por números, os quais podem ser conhecidos com o auxílio da data de nascimento. Esses números corres-pondem a espíritos ciganos que são os protetores dos caminhos da pessoa.

Toda pessoa tem a proteção positiva de um cigano e a proteção negativa de outro. Isto não significa que um é bom e o outro é mau, mas que eles represen¬tam os pólos positivo e negativo da vida da pessoa.

Para entender como se descobrem os ciganos protetores de cada um, vamos tomar como exemplo uma pessoa que tenha nascido no dia 28 de agosto de 1978.

Primeiro, vamos calcular o número correspon¬dente ao cigano positivo. Para isso, somamos todos os algarismos da data de nascimento.

28 / 08 / 1978

2 + 8 / 8 / 1 + 9 + 7 + 8 = 10 + 8 + 25 = 43

4 + 3 = 7

Então, esta pessoa tem em seu caminho positivo um cigano ligado ao número 7. Consultando a Tabela 1 (ver pág. 48), vemos que o sete corresponde a Hiago, Samara e Zanair.

Para descobrir qual dos três é o protetor da pessoa, temos que saber se ela nasceu no primeiro, segundo ou terceiro decanato do seu signo. Não importa qual seja o signo; o que importa é a posição da data de nascimento da pessoa dentro do signo. Se tiver alguma dúvida a respeito do decanato, consulte a Tabela 2 (ver p. 49).

A pessoa do nosso exemplo é do primeiro decanato do seu signo; consultando a Tabela 3 (ver p. 50), veremos que, entre os ciganos do número 7, Hiago é o que corresponde ao primeiro decanato. Logo, Hiago é o seu protetor positivo.

Agora, vamos fazer a Árvore da Vida (vide il. p. 46), para descobrir o número do seu caminho negativo. Primeiro, dispomos os algarismos da data de nascimento da seguinte forma:

dia:	2	8
mês:	0	8
centena do ano:	1	9
unidade do ano:	7	8
soma	10	33

Somando separadamente as duas colunas, teremos os números 10 (à esquerda) e 33 (à direita). Somando os algarismos de cada um desses números (quando seu valor for maior que 16), encontraremos:

Para a coluna da direita: 33 = 3 + 3 = 6

que corresponde ao número do alto da árvore. Para a coluna da esquerda: 10, cujos algarismos não são somados (por ser o número menor que 16)

que corresponde ao número da parte de baixo da árvore.

Somando esses dois números, teremos:

6 + 10 = 16

que corresponde ao número do lado direito da árvore.

Somando os números já encontrados, teremos:

6 + 10 + 16 = 32 = 3 + 2 = 5

que corresponde ao número do lado esquerdo da árvore.

Somando os quatro números já encontrados, teremos:

6 + 10 + 16 + 5 = 37 = 3 + 7 = 10

que corresponde ao número do meio da árvore. Agora que já encontramos todos os números da árvore, vamos somá-los:

Em cima:	6
Embaixo:	10
Direita:	16
Esquerda:	5
Centro:	10
Soma:	47 = 4 + 7 = 11

A Tabela 1 mostra que o número 11 corresponde aos ciganos Bóris, Conchita e Rochiel. Consultando novamente a Tabela 3, verificamos que Bóris é o cigano que corresponde ao primeiro decanato. Este é o protetor do caminho negativo dessa pessoa.

Você pode ter uma dúvida: – *Se eu encontrar os números 10, 11 etc., como vou saber que não devo somar os algarismos para chegar aos números 1, 2 e assim por diante? E então, como vou encontrar os números mais baixos da tabela?*

A resposta é simples. Como os números da tabela vão de 1 a 16, não somamos os algarismos dos números

ÁRVORE DA VIDA

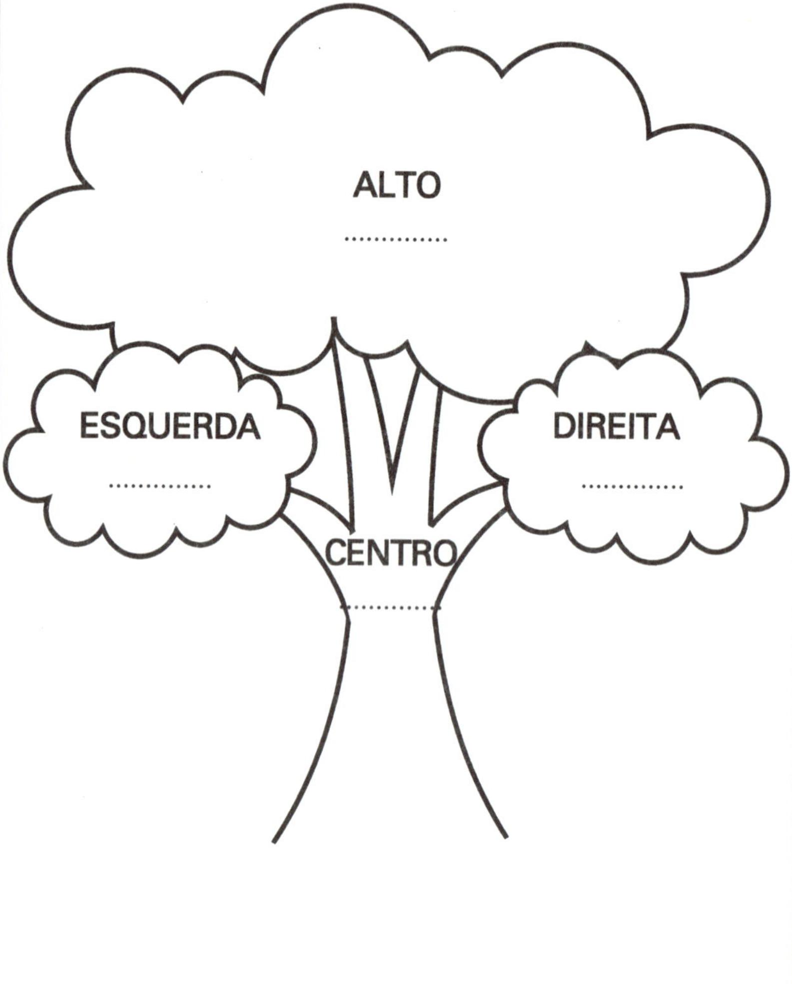

que caírem nesse intervalo. Só vamos somar os algarismos dos números maiores que 16. É assim que poderemos encontrar os números mais baixos da tabela:

17 = 1 + 7 = 8

18 = 1 + 8 = 9

19 = 1 + 9 = 10

20 = 2 + 0 = 2

21 = 2 + 1 = 3

22 = 2 + 2 = 4

23 = 2 + 3 = 5

24 = 2 + 4 = 6

25 = 2 + 5 = 7

E assim por diante.

O único número que não podemos encontrar por meio desse cálculo é o número 1. Os ciganos ligados a esse número, que são Zímbia Taram, Ruan e Zingra, sempre governam os caminhos das pessoas nascidas no dia 1º de janeiro. Para saber qual dos três guia uma pessoa específica, é preciso saber a hora do seu nascimento.

Se a pessoa nasceu entre o primeiro minuto e as 12 horas do dia, sua cigana protetora é Zímbia Taram; se nasceu entre as 12 e as 18 horas, seu cigano será Ruan; se nasceu entre as 18 e as 24 horas, sua cigana será Zingra.

A hora de nascimento, no dia 12 de janeiro, também indica se o espírito cigano é positivo ou negativo. Para as pessoas que nasceram nos dois primeiros horários (entre 0 h e 18 h do dia), os ciganos correspondentes governam tanto o caminho positivo quanto o negativo; para os nascidos no último horário (de 18 h às 24 h), o espírito cigano vem somente negativo e precisará ser tratado para tornar-se positivo.

TABELA 1

Relação dos Ciganos que Representam Cada um dos Números dos Caminhos

NÚMERO 1 cigana Zímbia Taram cigano Ruan cigana Zingra	NÚMERO 9 cigana Kapistiano cigano Íris cigana Marroquina
NÚMERO 2 cigana Pablo cigano Sarita cigana Rosita	NÚMERO 10 cigana Tarim cigano Lemiza cigana Zoraide
NÚMERO 3 cigana Wlavira cigano Saiam cigana Pedrovik	NÚMERO 11 cigana Bóris cigano Conchita cigana Rochiel
NÚMERO 4 cigana Tiago cigano Miroan cigana Ariana	NÚMERO 12 cigana Killiaq cigano Lilliaq cigana Saramim
NÚMERO 5 cigana Ferran cigano Ilarim cigana Sulamita	NÚMERO 13 cigana Ramom cigano Raí cigana Zaina
NÚMERO 6 cigana Wladimir cigano Wlashana cigana Wlanira	NÚMERO 14 cigana Ramires cigano Najara cigana Katiana Natasha
NÚMERO 7 cigana Hiago cigano Samara cigana Zanair	NÚMERO 15 cigana Diego cigano Carmencita cigana Zaira
NÚMERO 8 cigana Artêmio cigano Samira cigana Carmelita	NÚMERO 16 cigana Wlais cigano Iasmim cigana Zaida

TABELA 2

Datas Incluídas em Cada Decanato
dos Signos Astrológicos e os Ciganos Correspondentes

ÁRIES	primeiro decanato segundo decanato terceiro decanato	21/3 a 31/3 1/4 a 10/4 11/4 a 20/4
TOURO	primeiro decanato segundo decanato terceiro decanato	21/4 a 30/4 1/5 a 10/5 11/5 a 20/5
GÊMEOS	primeiro decanato segundo decanato terceiro decanato	21/5 a 31/5 1/6 a 10/6 11/6 a 20/6
CÂNCER	primeiro decanato segundo decanato terceiro decanato	21/6 a 31/6 1/7 a 10/7 11/7 a 20/7
LEÃO	primeiro decanato segundo decanato terceiro decanato	21/7 a 31/7 1/8 a 10/8 11/8 a 20/8
VIRGEM	primeiro decanato segundo decanato terceiro decanato	21/8 a 31/8 1/9 a 10/9 11/9 a 20/9
LIBRA	primeiro decanato segundo decanato terceiro decanato	21/9 a 31/9 1/10 a 10/10 11/10 a 20/10
ESCORPIÃO	primeiro decanato segundo decanato terceiro decanato	21/10 a 31/10 1/11 a 10/11 11/11 a 20/11
SAGITÁRIO	primeiro decanato segundo decanato terceiro decanato	21/11 a 31/11 1/12 a 10/12 11/12 a 20/12
CAPRICÓRNIO	primeiro decanato segundo decanato terceiro decanato	21/12 a 31/12 1/1 a 10/1 11/1 a 20/1
AQUÁRIO	primeiro decanato segundo decanato terceiro decanato	21/1 a 31/1 1/2 a 10/2 11/2 a 20/2
PEIXES	primeiro decanato segundo decanato terceiro decanato	21/2 a 31/2 1/3 a 10/3 11/3 a 20/3

TABELA 3

Ciganos Correspondentes a Cada um dos Três Decanatos (de Qualquer Signo), Segundo seus Números

2	primeiro decanato segundo decanato terceiro decanato	Pablo Sarita Rosita
3	primeiro decanato segundo decanato terceiro decanato	Wlavira Saiam Pedrovik
4	primeiro decanato segundo decanato terceiro decanato	Tiago Miroan Ariana
5	primeiro decanato segundo decanato terceiro decanato	Ferran Ilarim Sulamita
6	primeiro decanato segundo decanato terceiro decanato	Wladimir Wlashana Wlanira
7	primeiro decanato segundo decanato terceiro decanato	Hiago Samara Zanair
8	primeiro decanato segundo decanato terceiro decanato	Artêmio Samila Carmelita
9	primeiro decanato segundo decanato terceiro decanato	Kapistiano Íris Marroquina
10	primeiro decanato segundo decanato terceiro decanato	Tarim Lemiza Zoraide
11	primeiro decanato segundo decanato terceiro decanato	Bóris Conchita Rochiel
12	primeiro decanato segundo decanato terceiro decanato	Killiaq Lilliaq Saramim
13	primeiro decanato segundo decanato terceiro decanato	Ramon Raí Zaina
14	primeiro decanato segundo decanato terceiro decanato	Ramires Najara Katiana Natasha
15	primeiro decanato segundo decanato terceiro decanato	Diego Carmencita Zaira
16	primeiro decanato segundo decanato terceiro decanato	Wlais Iasmim Zaida
OBS: Como já vimos, os ciganos do número 1 não correspondem aos decanatos: por isso não estão incluídos nesta tabela.		

OFERENDAS PARA OS ESPÍRITOS CIGANOS QUE GOVERNAM SEUS CAMINHOS

Agora que já achamos o cigano positivo e o cigano negativo, devemos dar uma oferenda a cada um dos dois, para que os caminhos da pessoa fiquem totalmente abertos.

1) Cigana Zímbia Taram

1 metade de pêssego em calda
1 morango
1 porção de fios de ovos
1 porção de arroz-doce feito com leite e açúcar
1 rosa vermelha
1 vela vermelha
1 vasilha

Faça esta oferenda na Lua Crescente.

Coloque o arroz na vasilha; arrume o pêssego em cima, com o buraco do caroço voltado para o alto. Nesse buraco, ponha o morango; coloque os fios de ovos em volta do morango e espete nele a rosa.

Leve para uma estrada de barro, no sentido da subida, de preferência embaixo de uma árvore frondosa. Acenda a vela e entregue à cigana Zímbia Taram, pedindo a abertura dos seus caminhos.

2) Cigano Ruan

2 doces finos
1 melão

2 velas vermelhas
2 moedas atuais
1 prato de papelão

Faça esta oferenda na Lua Crescente.

Leve todo esse material para uma praça, debaixo de uma árvore frondosa.

Abra o melão em duas partes. Passe-as simbolicamente no seu corpo, pedindo a abertura de seus caminhos; depois, arrume o melão no prato. Passe os doces no corpo, como fez com a fruta, e depois coloque cada um dentro de uma das partes do melão. Passe as moedas no corpo e espete cada uma, em pé, em cima de um doce.

Acenda uma das velas ao lado de cada uma das partes da fruta e peça ao cigano Ruan a abertura de seus caminhos.

3) Cigana Zingra

2 pedaços de pano lilás
2 punhados de arroz com casca
2 punhados de açúcar
2 doces finos
2 velas lilás

Faça esta oferenda na Lua Crescente.

Leve todo o material para junto de uma árvore frondosa.

Passe os dois pedaços de pano no corpo, pedindo a abertura de seus caminhos. Arrume os panos debaixo da árvore. Passe simbolicamente os dois punhados de arroz no corpo e coloque um em cima de cada pano. Faça o mesmo com os doces.

Acenda uma vela em cada pano, pedindo à cigana Zingra a abertura de seus caminhos.

4) Cigano Pablo

1 melão cortado em duas metades
2 velas azuis
2 punhados de açúcar misturado com canela
1 pano azul
água de anil (porção para um banho)

Faça esta oferenda na Lua Crescente.

Leve o material (exceto a água de anil) para junto de uma árvore frondosa.

Passe o pano em seu corpo e arrume-o debaixo da árvore. Passe simbolicamente as duas partes do melão no corpo e arrume sobre o pano. Faça o mesmo com os dois punhados de açúcar e coloque cada um dentro de uma das partes da fruta. Em seguida, repita este procedimento com as velas e acenda cada uma junto à ponta de um dos panos, pedindo ao cigano Pablo a abertura de seus caminhos.

Chegando em casa, tome um banho com a água de anil.

5) Cigana Sarita

1 porção de salada de frutas (sem abacaxi nem tangerina)
1/2 copo de guaraná
1 pedaço de pano amarelo-ouro
1 vela amarela

Faça esta oferenda na Lua Cheia.

Leve todo o material para junto de um rio ou de uma cachoeira.

Faça uma salada de frutas e misture com meio copo de guaraná. Passe a salada no corpo, pedindo à cigana Sarita a abertura de seus caminhos. Retire o excesso de salada do corpo com o pano e jogue-o na água. Volte a fazer seu pedido e acenda a vela na beira do rio.

6) Cigana Rosita

2 rosas brancas de jardim
2 balas brancas
2 doces brancos
2 velas brancas
2 pedaços de pano branco

Faça esta oferenda na Lua Cheia.

Leve todo o material para um jardim movimentado.

Passe os pedaços de pano no corpo e arrume-os no chão. Passe no corpo as rosas, as balas e os doces, colocando-os um a um sobre os panos (uma rosa, uma bala e um doce sobre cada pano). Acenda as velas, uma em cada pano, e ofereça a Rosita, pedindo a abertura de seus caminhos.

7) Cigana Wlavira

1 porção de ervilha seca
1 porção de hortelã miúda
1 pimenta do reino branca
3 pães árabes
1 prato de papelão prateado

1 tâmara
3 velas azuis
3 moedas atuais

Faça esta oferenda na Lua Cheia.

Cozinhe a ervilha e faça uma pasta. Misture a hortelã picadinha e a pimenta socada. Passe essa pasta nos pães e arrume-os no prato, um por cima do outro, como se fosse um sanduíche de três camadas. Coloque por cima de tudo a tâmara e as moedas.

Leve todo o material para junto de uma árvore frondosa. Passe simbolicamente o prato no corpo e coloque-o debaixo da árvore. Acenda as velas em triângulo em volta do prato (uma de cada lado, uma mais à frente e outra atrás) e peça à cigana Wlavira a abertura de seus caminhos.

8) Cigana Saiam

1 romã cortada em três partes
3 moedas atuais
3 punhados de cevada
3 velas azuis
3 punhados de açúcar mascavo
3 pratos de papelão prateado

Faça esta oferenda na Lua Crescente.

Leve todo o material para uma estrada. Coloque os pratos no chão, no lado da subida.

Passe simbolicamente no corpo os punhados de cevada e coloque um em cada prato. Repita este gesto com os punhados de açúcar e coloque-os por cima da cevada. Em seguida, faça o mesmo com as partes da romã e com as moedas.

Acenda as velas em forma de triângulo, em volta dos pratos. Entregue à cigana Saiam, pedindo a abertura de seus caminhos.

9) Cigano Pedrovik

3 mangas-espada
3 punhados de cevada
3 moedas atuais
1 prato de papelão ou uma folha de mamona bem grande
3 velas azul-escuras

Faça esta oferenda na Lua Crescente.

Leve todo o material para uma estrada. Coloque o prato (ou a folha) no chão, no lado da subida.

Passe no corpo simbolicamente os punhados de cevada e coloque-os no prato (ou na folha). Coloque, por cima da cevada, as mangas e em seguida as moedas. Acenda as velas em forma de triângulo, em volta do prato, e entregue ao cigano Pedrovik, pedindo a abertura de seus caminhos.

10) Cigano Tiago

1 porção de trigo de quibe
1 porção de frutas cristalizadas picadinhas
4 pratos de papelão prateado
4 morangos
4 folhas de hortelã miúda
4 moedas atuais
4 velas verdes

Faça esta oferenda na Lua Crescente.

Faça um mingau grosso (cozido) com o trigo e um pouco de água. Coloque um pouco do mingau em cada prato e deixe esfriar. Em seguida, ponha um morango e, à sua volta, as frutas cristalizadas picadi¬nhas, uma folha de hortelã e uma moeda, em cada prato, sobre o mingau. Quando todos os pratos estive¬rem completos, passe-os simbolicamente no corpo, pedindo ao cigano Tiago a abertura de seus caminhos.

Leve os pratos para um campo verde e limpo e acenda uma vela em cada prato, oferecendo ao cigano Tiago.

11) Cigana Miroan

1 punhado de pétalas de rosa amarela
1 punhado de pétalas de rosa vermelha
1 punhado de pétalas de rosa cor-de-rosa
1 punhado de pétalas de rosa branca
1 maçã cortada em 4 pedaços
1 pêra cortada em 4 pedaços
4 pratos de papelão dourado
4 velas: 1 rosa, 1 amarela, 1 branca e 1 vermelha

Faça esta oferenda na Lua Crescente.

Leve todo o material para a beira de um rio. Arrume os pratos debaixo de uma árvore frondosa.

Passe no corpo os pedaços da maçã, pedindo para abrir seus caminhos; coloque um pedaço em cada prato. Faça o mesmo com a pêra. Passe simbolicamente no corpo as pétalas de rosa, colocando cada punhado de uma cor em um dos pratos, e pedindo à cigana Miroan a abertura de seus caminhos. Acenda cada vela no prato onde estiverem as pétalas da sua cor.

12) Cigana Ariana

4 punhados de trigo de quibe
4 punhados de arroz com casca
4 rabanetes
4 botões de rosa vermelha
4 punhados de açúcar cristal
4 moedas atuais
4 punhados de hortelã picadinha
1 vidro de água de flor de laranjeira
4 velas vermelhas
1 cesta de vime
1 folha de papel vermelho

Faça esta oferenda na Lua Crescente.

Forre a cesta com o papel. Passe simbolicamente no corpo os punhados de trigo e coloque-os dentro da cesta. Faça o mesmo com o arroz e o açúcar, arrumando-os todos separados na cesta. Faça o mesmo com os rabanetes e coloque-os sobre o açúcar. Passe as moedas no corpo e coloque-as em pé sobre o açúcar, em volta dos rabanetes. Passe no corpo os botões de rosa e espete-os no açúcar, como as moedas. Jogue os punhados de hortelã em volta dos botões e regue tudo com a água de flor de laranjeira.

Coloque a cesta pronta no alto de uma árvore. Acenda as velas junto ao pé da árvore e peça à cigana Ariana que abra seus caminhos.

13) Cigano Ferran

5 pães árabes
5 doces árabes
5 quibes

1 porção de ervilha cozida
1 pitada de sal
1 pimenta-do-reino branca
5 damascos
5 velas amarelas
1 cesta de vime
papel dourado

Faça esta oferenda na Lua Crescente.

Forre a cesta com o papel. Faça uma pasta com a ervilha; junte o sal e a pimenta amassada. Passe essa pasta nos pães.

Passe simbolicamente no corpo os pães, pedindo a abertura de seus caminhos. Coloque-os em pé dentro da cesta, dispostos na volta toda. Repita o ritual com os doces, colocando-os, em seguida, no centro da cesta. Passe, também simbolicamente, os quibes no corpo e arrume-os em volta dos doces. Faça o mesmo com os damascos e coloque cada um junto a um dos pães.

Leve o material para junto de uma árvore frondosa. Levante cinco vezes a cesta acima de sua cabeça e peça ao cigano Ferran que tire todos os obstáculos de seu caminho. Coloque a cesta no alto da árvore e acenda as velas juntas junto ao pé da mesma.

14) Cigana Ilarin

1 porção de arroz-doce feito com casca de laranja
5 rosas amarelas
5 moedas atuais
5 velas amarelas
1 vidro de água de flor de laranjeira
1 prato de papelão dourado

Faça esta oferenda na Lua Cheia.

Coloque o arroz-doce no prato e deixe esfriar. Retire o cabo das rosas; arrume-as sobre o arroz, bem no meio do prato. Coloque em volta as moedas. Jogue por cima de tudo a água de flor de laranjeira; depois, passe simbolicamente no corpo, pedindo à cigana Ilarin que abra seus caminhos.

Coloque a oferenda na beira de um rio de águas limpas e acenda as velas juntas na frente do prato.

15) Cigana Sulamita

1 porção de arroz-doce feito com cravo-da-índia (sem as bolinhas), canela-em-pau e erva-doce
1 flor de girassol
5 rosas vermelhas
5 moedas atuais
1 porção de fios de ovos
5 velas amarelas
1 prato de papelão dourado

Faça essa oferenda na Lua Cheia.

Coloque o arroz-doce no prato. No meio, coloque o girassol. Em volta do girassol, arrume as rosas; em volta das rosas, coloque os fios de ovos; e, em cima dos fios de ovos, coloque as moedas.

Passe simbolicamente no corpo o prato já arrumado, pedindo à cigana Sulamita que abra seus caminhos. Leve a oferenda para a beira de um rio de água limpa e acenda as velas juntas diante do prato.

16) Cigano Wladimir

6 claras de ovo
corante para bolo, na cor azul

12 colheres de sopa de açúcar
6 moedas atuais
6 morangos
6 cerejas
1 vela azul
1 bacia de ágata branca

Faça essa oferenda na Lua Crescente.

Bata as claras em neve com o açúcar e o corante, para fazer um suspiro azul. Coloque o suspiro dentro da bacia. Por cima coloque, no centro, os morangos; em volta dos morangos, as moedas; e, em volta das moedas, as cerejas.

Leve a oferenda para a beira de um rio de água limpa. Passe simbolicamente a bacia no corpo, pedindo ao cigano Wladimir que abra seus caminhos. Coloque a bacia na água, como se fosse um barco, pedindo que, junto à força de Wladimir, as águas limpem os seus caminhos. A seguir, acenda a vela na beira do rio.

17) Cigana Wlashana

1 bacia de ágata branca
6 pêras
6 quindins
6 moedas atuais
6 punhados de arroz com casca
1 vela amarela

Faça essa oferenda na Lua Crescente.

Coloque os seis punhados de arroz na bacia. No centro, arrume os doces. Em volta, arrume as pêras e, em cima de cada doce, coloque uma moeda.

Leve a oferenda para a beira de um rio. Passe simbolicamente a bacia no corpo. Coloque-a na água, como se fosse um barco, e peça à cigana Wlanasha para abrir seus caminhos. Acenda a vela na beira do rio.

18) Cigana Wlanira

6 frutas diversas (exceto abacaxi e tangerina)
6 doces
6 punhados de arroz com casca
6 punhados de sementes de girassol
6 moedas atuais
6 velas amarelas
1 cesta de vime
papel laminado dourado

Faça a oferenda na Lua Crescente.

Forre a cesta com o papel. Arrume, em metade da cesta, o arroz e, na outra metade, as sementes de girassol. Coloque os doces em cima do arroz e as frutas em cima das sementes de girassol. Espete cada moeda em um dos doces. Passe simbolicamente a cesta no corpo, pedindo à cigana Wlanira que abra seus caminhos.

Leve a oferenda para uma estrada que tenha árvores na beira. Conte seis árvores frondosas. Coloque a cesta no alto da sexta árvore, pedindo à cigana Wlanira que abra seus caminhos. Acenda as velas em volta da árvore.

19) Cigano Hiago

7 pedaços de pano, cada um de uma cor (exceto preto)

7 punhados de aipim cru ralado
7 damascos
7 tâmaras
7 morangos
7 cerejas
7 moedas atuais
7 velas nas mesmas cores dos panos
7 punhados de açúcar cristal

Faça essa oferenda na Lua Crescente.

Procure um lugar que tenha sete caminhos ou ruas não-asfaltadas (não é para fazer a oferenda na encruzilhada). Em cada um dos sete caminhos, faça o seguinte:

Escolha um dos pedaços de pano (a cor fica a seu critério). Passe-o no corpo e coloque no chão. Passe no corpo simbolicamente um punhado do aipim misturado com o açúcar cristal e coloque-o sobre o pano. Passe no corpo um damasco e coloque-o sobre o aipim. Faça o mesmo com uma tâmara, um morango, uma cereja e uma moeda. Passe no corpo a vela da cor do pano e acenda-a junto da oferenda, pedindo ao cigano Hiago a abertura dos seus caminhos.

Repita o mesmo ritual até completar os sete caminhos. No último, diga as seguintes palavras:

> "Cigano Hiago, vós que fostes o guardião que abria os caminhos para os ciganos passarem, peço que abrais meus caminhos para que eu possa conseguir o meu ideal."

20) Cigana Samara

7 pedaços de pau seco (que sirva para fazer uma pequena fogueira)

7 gotas de essência de canela
7 frutas
7 doces
7 pedaços de pano colorido
7 moedas atuais

Faça esta oferenda na Lua Cheia.

Leve todo o material para um lugar descampado, de terra batida, afastado da zona urbana. Faça uma fogueira com os sete paus. Quando a fogueira estiver acesa, jogue a essência no fogo. Passe os panos no corpo e coloque em volta da fogueira. Faça o mesmo com as frutas e os doces, colocando-os em cima dos panos. Espete uma moeda em cada doce, enquanto vai pedindo:

"Pela força da cigana Samara e do fogo vivo, que meus caminhos sejam abertos."

21) Cigana Zanair

7 maçãs
1 bacia de ágata branca
1 folha de hortelã
1 folha de manjericão branco
7 gotas de baunilha
7 punhados de açúcar
1 porção de fios de ovos
7 velas amarelas

Faça esta oferenda na Lua Cheia.

Coloque o açúcar em uma panela para fazer uma calda. Quando estiver pronta, junte a hortelã, o manjericão, a baunilha e as maçãs inteiras. Deixe cozinhar por alguns minutos, tomando cuidado para as maçãs não desmancharem. Deixe esfriar. Coloque dentro da bacia e enfeite com os fios de ovos.

Leve a oferenda para junto de uma árvore frondosa, na mata, com um rio próximo. Passe a bacia simbo-licamente no corpo e peça à cigana Zanair a abertura de seus caminhos. Coloque a bacia no alto da árvore e acenda as velas juntas no pé da mesma.

22) Cigano Artêmio

1 prato de papelão prateado
1 pão doce grande
8 ímãs pequenos em forma de ferradura
8 moedas atuais
8 balas brancas
1 porção de mel de abelhas
1 fava divina
8 velas brancas
8 folhas de eucalipto
1 faca virgem

Faça esta oferenda na Lua Crescente.

Leve todo o material para a beira de uma estrada de barro onde exista uma árvore frondosa. Passe simbolicamente o pão no corpo; corte-o ao meio com a faca virgem e coloque-o aberto sobre o prato.

Passe cada um dos ímãs no corpo, pedindo que atraiam coisas boas para você, e vá arrumando-os sobre uma das metades do pão. Passe as balas no corpo, uma de cada vez, e coloque cada uma em cima de um dos ímãs. Por cima das balas e dos ímãs, coloque a fava divina. Coloque o mel por cima e cubra com a outra metade do pão, como se fosse um sanduíche. Passe as moedas no corpo e espete-as no pão, em linha reta. Coloque as folhas de eucalipto em volta do pão, para enfeitar.

Levante o prato oito vezes, de frente para o Sol, e peça ao cigano Artêmio para abrir seus caminhos. Coloque junto à árvore; acenda quatro velas do lado direito e quatro do lado esquerdo do prato.

23) Cigana Samila

1 cesta de vime
8 rosas brancas
8 balas brancas
8 pães árabes
8 cocadas brancas
8 lenços finos, cada um de uma cor: azul-claro, rosa-claro, verde-claro, branco, lilás, vermelho, amarelo e laranja
8 velas brancas
8 moedas atuais

Faça esta oferenda na Lua Crescente.

Forre a cesta com os lenços, de forma que fiquem com as pontas pendentes para fora. Passe as cocadas simbolicamente no corpo e coloque-as no centro da cesta. Repita o ritual com as balas, colocando-as em volta das cocadas; em seguida, faça o mesmo com as moedas e coloque-as em volta das balas. Agora, repita outra vez o ritual com as rosas e arrume-as em volta das moedas. Por último, passe os pães no corpo e coloque-os, em pé, ao redor das rosas.

Leve a oferenda para junto de um pé de eucalipto. Levante a cesta oito vezes e peça a Samila que abra seus caminhos. Coloque a cesta ao pé da árvore. Acenda quatro velas do lado direito e quatro do lado esquerdo da cesta.

24) Cigana Carmelita

1 cesta de vime
8 rosas brancas
8 rosas amarelas
8 doces finos
8 pêras
8 lenços finos amarelos
8 lenços finos brancos
8 moedas atuais
8 espigas de trigo
8 velas brancas

Faça esta oferenda na Lua Crescente.

Forre a cesta com os lenços, alternando um branco e um amarelo, e deixando as pontas pendentes para fora.

Passe no corpo simbolicamente as pêras e coloque-as no centro da cesta, sobre os lenços. Faça o mesmo com os doces e arrume-os em volta das pêras. Passe no corpo as rosas amarelas e arrume-as em volta dos doces. Faça o mesmo com as rosas brancas e arrume-as em volta das rosas amarelas. Bata no corpo com o feixe das espigas de trigo, pedindo caminhos abertos à cigana Carmelita; arrume as espigas em volta das rosas. Por último, segure todas as moedas entre as mãos juntas e sacuda-as, pedindo prosperidade; a seguir, espete cada moeda em uma das pêras.

Coloque a cesta na beira de um rio limpo. Acenda quatro velas do lado direito e quatro do lado esquerdo da mesma, pedindo caminhos abertos.

25) Cigano Kapistiano

9 quibes
9 pães árabes
9 pêras
9 punhados de arroz com casca
9 favas de carvalho
9 moedas atuais
9 pedaços de pano branco
9 velas brancas

Faça esta oferenda na Lua Crescente.

Leve todo o material para a frente de uma praia, mas em um local que as ondas do mar não alcancem.

Passe os pedaços de pano no corpo e arrume-os no chão. Repita o ritual com os punhados de arroz, colocando cada um em cima de um dos panos e com os pães, colocando-os também sobre os panos. Agora, passe no corpo as pêras e coloque-as sobre os pães. Faça o mesmo com os quibes, as favas e as moedas, pedindo ao cigano Kapistiano a abertura de seus caminhos. Acenda uma vela por trás do grupo de panos, quatro do lado direito e quatro do lado esquerdo dos mesmos.

26) Cigana Íris

9 maçãs vermelhas
1 cesta de vime
9 lenços vermelhos
9 rosas vermelhas
9 velas vermelhas
9 moedas atuais

Faça esta oferenda na Lua Cheia.

Forre a cesta com os lenços, de modo que as pontas fiquem pendentes para fora. Passe no corpo as maçãs, uma a uma, e vá colocando-as dentro da cesta. Depois passe no corpo as rosas e coloque-as em volta das maçãs. Repita o ritual com as moedas e jogue-as dentro da cesta. Leve a oferenda para uma elevação onde exista uma árvore frondosa. Pendure a cesta em um galho da árvore, pedindo à cigana Íris para abrir seus caminhos. Acenda as velas juntas no pé da árvore.

27) Cigana Marroquina

1 cesta de vime
9 pêras
9 espigas de trigo
9 pedaços de fita de várias cores (exceto preto)
9 velas nas cores das fitas
9 rosas vermelhas
9 folhas de canela

Faça esta oferenda na Lua Crescente.

Passe as pêras uma a uma pelo corpo, simbolicamente, e coloque-as no centro da cesta. Passe as rosas no corpo e coloque-as em torno das peras. Passe as fitas no corpo e arrume-as na cesta, de modo que as pontas fiquem penduradas para fora. Passe no corpo as folhas de canela e coloque-as sobre as fitas, em torno das rosas. Passe no corpo as espigas de trigo e coloque-as em pé, em volta de tudo.

Leve a oferenda para um lugar onde exista um mato limpo. Acenda as velas em volta da cesta e peça à cigana Marroquina abertura de caminhos e prosperidade.

28) Cigano Tarim

1 cacho de uvas verdes
10 velas brancas
10 balas brancas
10 moedas atuais
1 pano branco

Faça esta oferenda na Lua Crescente.

Leve todo o material para junto de um pé de pata-de-vaca.

Passe o pano no corpo e coloque no chão, junto à árvore. Passe simbolicamente no corpo o cacho de uvas e coloque-o sobre o pano. Passe no corpo as balas, arrumando-as em torno das uvas. Faça o mesmo com as moedas.

Acenda cinco velas do lado direito e cinco do lado esquerdo do pano, pedindo ao cigano Tarim que abra seus caminhos.

29) Cigana Lemiza

10 botões de rosa branca
10 pedaços de fita azul-clara
10 doces finos
5 velas brancas
5 velas azuis
1 cesta de vime pintada de branco
10 folhas de louro
1 lenço fino azul

Faça esta oferenda na Lua Cheia

Leve todo o material para junto de uma árvore frondosa.

Passe o lenço no corpo, forre com ele a cesta e amarre as fitas nas alças desta cesta. Passe no corpo, simbolicamente, os doces e coloque-os no centro da cesta. Passe no corpo os botões de rosa e coloque-os ao redor dos doces. Passe no corpo as folhas de louro, uma a uma, e coloque-as em torno dos botões. Levante dez vezes a cesta acima da cabeça, pedindo à cigana Lemiza para abrir seus caminhos.

Coloque a cesta junto à árvore. Acenda cinco velas de cada lado da cesta, deixando a frente livre. Volte a pedir à cigana Lemiza que abra seus caminhos, dando-lhe paz, saúde e prosperidade.

30) Cigana Zoraide

1 mamão verde cortado em fatias finas
1 côco cortado em fatias finas
1 porção de açúcar
1 rosa branca
10 moedas atuais
1 tigela de vidro
10 velas brancas

Faça esta oferenda na Lua Crescente.

Faça uma calda branca com o açúcar. Adicione as frutas e deixe cozinhar. Quando o doce estiver pronto, deixe-o esfriar e depois coloque dentro da tigela. Em cima, bem no meio, coloque a rosa. Passe as moedas no corpo, simbolicamente, e coloque-as em volta da rosa.

Leve a oferenda para junto de um rio ou de uma cachoeira, em cuja beira haja pedras. Levante a tigela dez vezes acima da cabeça, pedindo abertura dos caminhos à cigana Zoraide. Coloque a tigela sobre uma pedra e acenda as velas todas juntas.

31) Cigano Bóris

11 quibes
11 doces
11 moedas atuais
11 velas marrons
1 prato de papelão

Faça esta oferenda na Lua Crescente.

Leve todo o material para junto de uma árvore frondosa.

Coloque o prato junto da árvore. Passe os quibes no corpo, simbolicamente, e coloque-os no prato. Faça o mesmo com os doces e com as moedas, espetando uma moeda em cima de cada doce. Acenda as 11 velas juntas perto do prato e peça a abertura de seus caminhos ao cigano Bóris.

32) Cigana Conchita

1 bolo aromatizado com baunilha
11 morangos
11 moedas atuais
11 quibes
1 rosa vermelha
11 velas brancas
1 prato de papelão

Faça esta oferenda na Lua Cheia.

Leve todo o material para junto de uma árvore que tenha flores vermelhas ou cor-de-rosa.

Passe o bolo simbolicamente no corpo o coloque-o no prato. Coloque os morangos em cima e os quibes ao redor do bolo. Passe as moedas no corpo e espete-as no bolo. Arrume o prato junto à árvore.

Acenda do lado esquerdo da oferenda as velas juntas, coloque a rosa no centro do bolo e peça abertura dos caminhos à cigana Conchita.

33) Cigano Rochiel

1 melão grande
1 molho de hortelã miúda
11 moedas atuais
11 velas brancas
1 prato de papelão prateado
1 porção de açúcar cristal

Faça esta oferenda na Lua Cheia.

Faça um corte no melão semelhante a uma tampa e reserve. Faça uma rodilha com o molho de hortelã no centro do prato e coloque o melão em cima.

Leve todo o material para junto de um bambuzal. Coloque o prato no chão, debaixo dos bambus. Passe as moedas no corpo e jogue dentro do melão. Jogue o açúcar por cima (dentro da fruta) e coloque a tampa (feita com um pedaço do melão). Acenda as velas juntas ao lado do prato, pedindo abertura dos caminhos ao cigano Rochiel.

34) Cigano Killiaq

12 frutas-de-conde
12 moedas atuais
12 velas brancas
12 quibes
2 travessas de madeira

Faça esta oferenda na Lua Cheia.

Leve todo o material para junto de uma pedra. Passe as frutas-de-conde no corpo e coloque-as em uma das travessas. Passe os quibes no corpo e coloque-os na outra travessa. Passe as moedas no corpo; espete seis delas nas frutas e as outras seis nos quibes.

Coloque a travessa com as frutas sobre a pedra; acenda junto dela seis velas juntas. Coloque a outra travessa no chão, junto à pedra; acenda as outras seis velas junto dela e peça abertura dos caminhos ao cigano Killiaq.

35) Cigana Lilliaq

12 lenços coloridos, em cores claras
1 cesta de vime
6 frutas (à sua escolha) partidas ao meio
12 velas coloridas (exceto preta)

Faça esta oferenda na Lua Cheia.

Arrume os lenços no cesto, com as pontas para fora. Passe as frutas no corpo, simbolicamente, e coloque-as no cesto.

Leve a oferenda para uma campina. Coloque a cesta no chão. Acenda seis velas do lado direito e seis do lado esquerdo da mesma, pedindo abertura de caminhos à cigana Lilliaq.

36) Cigana Saramim

6 romãs grandes
6 frutas-de-conde
1 cesta de vime
12 moedas atuais
12 velas brancas

Faça esta oferenda na Lua Crescente.

Passe as romãs no corpo e coloque-as na cesta. Faça o mesmo com as frutas-de-conde. Segure as moedas entre as mãos e agite bem, pedindo ã cigana Saramim abertura de caminhos; depois jogue as moedas dentro da cesta.

Coloque a cesta no alto de uma árvore frondosa e acenda as velas juntas no pé da árvore.

37) Cigano Ramom (Ramão)

13 pedaços de galhos secos
13 gotas de essência de canela
13 pedaços de pano lilás, cortados no feitio de lenços
13 moedas atuais
13 velas lilases

Faça esta oferenda na Lua Crescente.

Leve todo o material para o mato.

Faça uma fogueira com os galhos. Jogue a essência no fogo. Em seguida, passe os panos no corpo, pedindo abertura de caminhos. Jogue-os no fogo, dizendo: "Estou queimando toda a negatividade do meu caminho".

Jogue as moedas na fogueira, dizendo: "Estou pagando para que meus caminhos sejam abertos."

Acenda as velas ao redor da fogueira e ofereça ao cigano Ramão.

38) Cigana Raí

13 maracujás pequenos
13 velas brancas

13 moedas atuais
1 pano branco

Faça esta oferenda na Lua Crescente.

Leve todo o material para junto de uma árvore. Passe o pano no corpo e coloque-o no chão, diante da árvore. Passe os maracujás e as moedas no corpo e coloque-os em cima do pano. Acenda uma vela atrás da árvore, seis do lado direito e seis do lado esquerdo do pano; peça abertura dos caminhos à cigana Raí.

39) Cigana Zaina

13 rosas brancas
13 velas brancas
13 punhados de arroz com casca
13 punhados de sementes de girassol
13 punhados de açúcar cristal

Faça esta oferenda na Lua Crescente.

Leve todo o material para o mato. Passe no corpo os punhados de arroz, um a um, e vá arrumando-os no chão, formando um caminho. Volte para o início; passe no corpo as sementes de girassol e arrume-as ao lado do arroz. Volte, passe no corpo, simbolicamente, o açúcar e arrume-o ao lado das sementes de girassol. Volte, passe no corpo as rosas, corte seus cabos e coloque-as dispersas sobre o caminho. Volte e acenda as velas espalhadas ao lado do caminho, enquanto pede abertura dos caminhos à cigana Zaina.

40) Cigano Ramires

1 abacate grande, cortado ao meio e sem caroço

1 porção de arroz com casca

1 porção de canela em pó
1 porção de açúcar branco
1 porção de amendoim torrado, descascado e moído
1 porção de açúcar mascavo
1 vela verde
1 prato de papelão dourado

Faça esta oferenda na Lua Crescente.

Misture o arroz com o açúcar branco e canela. Faça uma paçoca do amendoim misturado com o açúcar mascavo e canela. Coloque as duas partes do abacate no prato. Encha uma das partes com o arroz e a outra, com a paçoca.

Passe simbolicamente o prato no corpo e leve para um mato fechado. Ao entrar no mato, acenda a vela, pedindo licença para entrar. Coloque o prato no chão e peça ao cigano Ramires abertura dos caminhos.

41) Cigana Najara (Cobra Naja)

1 porção de salada de frutas (exceto abacaxi e tangerina)
14 rosas amarelas
14 lenços coloridos, em cores claras, predominando o amarelo-ouro
papel laminado dourado
14 moedas atuais
1 cesta de vime
14 velas de cores diversas (exceto preta); as cores podem ser repetidas.
14 fitas coloridas finas, com a medida igual à altura da pessoa que vai fazer a oferenda

Faça esta oferenda na Lua Cheia.

Forre a cesta com o papel. Coloque nela os lenços, de modo que as pontas fiquem para fora. Coloque a salada dentro da cesta e ponha as rosas por cima. Passe as moedas no corpo e jogue uma a uma dentro da cesta, pedindo à cigana Najara abertura dos caminhos.

Leve o material para junto de uma árvore no mato. Levante a cesta quatorze vezes, fazendo seu pedido; a seguir, coloque-a no alto da árvore. Passe cada uma das fitas no corpo e estique-as em volta da árvore, formando raios como os de uma roda, pedindo a abertura de seus caminhos. Em cada ponta das fitas distante da árvore, acenda uma vela, pedindo à cigana Najara tudo de bom.

42) Cigana Katiana Natasha

14 ímãs em forma de ferradura
2 pés de cera
1 salada de frutas temperada com açúcar mascavo e licor de menta
1 cesta de vime em que caibam os pés de cera
7 rosas vermelhas
7 rosas amarelas
14 lenços coloridos
papel laminado dourado
14 moedas atuais

Faça esta oferenda na Lua Cheia.

Forre a cesta com o papel. Coloque dentro os lenços, com as pontas pendentes para fora. Passe os pés de cera nos seus pés e coloque-os na cesta. Passe a salada de frutas na sola dos seus pés e coloque-a dentro dos pés de cera. Passe os sete ímãs em cada um de seus pés e arrume-os em torno dos pés de cera. Passe as moedas no corpo e coloque uma em cima de cada ímã. Passe as rosas vermelhas no corpo, retire seus cabos e coloque-as ao redor dos pés de cera. Faça o mesmo com as rosas amarelas e coloque-as em volta das rosas vermelhas.

Leve a oferenda para uma estrada de subida, de preferência sem calçamento. Coloque a cesta no alto de uma árvore na beira da estrada, pedindo elevação e abertura de caminhos à cigana Katiana Natasha.

43) Cigano Diego

15 mangas-espada
15 ímãs em forma de ferradura
15 pratos de papelão prateado
mel
15 moedas atuais
15 velas brancas

Faça esta oferenda na Lua Crescente.

Percorra 15 ruas ou 15 caminhos, levando os materiais da oferenda.

Em cada rua ou caminho, passe no corpo uma manga, um ímã e uma moeda; coloque-os em um dos pratos, cobrindo com um fio de mel. Ponha-o no chão e acenda junto uma das velas. Faça isso até completar os 15 caminhos ou ruas, pedindo sempre ao cigano Diego abertura de caminhos.

44) Cigana Carmencita

15 espelhos pequenos
1 cesta de vime

papel laminado vermelho
15 maçãs
15 rosas vermelhas
15 velas brancas
15 moedas atuais

Faça esta oferenda na Lua Cheia.

Forre a cesta com o papel. Passe as maçãs no corpo, pedindo abertura dos caminhos à cigana Carmencita, e coloque-as no centro da cesta. Depois pegue os espelhos, um a um, e mire-se neles, pedindo à cigana Carmencita que abra seus caminhos e coloque coisas boas nele. Arrume os espelhos, em pé, em volta das maçãs. Passe simbolicamente as rosas no corpo, tire os cabos e coloque as flores na frente dos espelhos. Passe as moedas no corpo e coloque uma a uma perto das rosas.

Leve todo o material para uma rua de subida, arborizada.

Ande um pouco, levando a cesta; depois coloque-a ao pé de uma árvore frondosa. Acenda as velas juntas e ofereça à cigana Carmencita.

45) Cigana Zaira

1 cesta de vime
1 pedaço de pano estampado (sem amarelo nem preto)
15 frutas (exceto abacaxi e tangerina)
15 moedas atuais
15 doces árabes finos
15 rosas vermelhas
15 velas vermelhas

Faça esta oferenda na Lua Cheia.

Forre a cesta com o pano, de modo que as pontas fiquem pendentes para fora. Passe as frutas no corpo e coloque-as dentro da cesta. Faça o mesmo com as rosas, os doces e, por último, as moedas.

Leve a oferenda para um lugar bem arborizado. Coloque a cesta no pé de uma árvore. Acenda sete velas do lado direito, sete do lado esquerdo e uma na frente da cesta, pedindo abertura dos caminhos à cigana Zaira.

46) Cigano Wlais

1 inhame-cará
1 porção de mel
1 prato de papelão prateado
1 cacho de uvas verdes
16 moedas atuais
16 velas brancas
1 pedaço de pano branco
16 fitas prateadas

Faça esta oferenda na Lua Cheia.

Cozinhe o cará e descasque-o usando uma moe da. Amasse-o com o mel. Faça com essa massa um coração dentro do prato.

Leve todo o material para uma praia, mas fique um pouco distante da água.

Abra o pano no chão e coloque o prato em cima. Passe simbolicamente o cacho de uvas no corpo e coloque-o em cima do coração. Faça o mesmo com as moedas, espetando-as em cima do coração, pedindo ao cigano Wlais abertura dos caminhos.

Passe as fitas no corpo, uma a uma, e estique no chão, de junto do prato para fora, na direção de seus pés. Paça assim vários caminhos de fita, pedindo sempre abertura dos caminhos. Acenda uma vela do lado esquerdo de cada fita, no meio de seu comprimento (se acender na ponta, fecha os caminhos).

47) Cigana Iasmim

16 moedas atuais
16 rosas brancas
16 cocadas brancas pequenas
16 uvas verdes
16 pedaços de fita azul-clara
2 perfumes
2 pentes
2 espelhos
2 sabonetes perfumados
16 lenços finos azul-claros
2 escovas de cabelo brancas
2 bacias de ágata
16 velas azul-claras

Faça esta oferenda na Lua Crescente.

Leve todo o material para uma praia; leve um acompanhante para ajudá-lo.

Fique descalço na beira da água, molhando só os pés. Peça para o seu acompanhante segurar uma das bacias perto de você. Passe no corpo as cocadas e coloque-as no meio da bacia. Passe no corpo as uvas e coloque-as em volta das cocadas. Passe no corpo as fitas e arrume-as na bacia com as pontas para fora. Faça o mesmo com as rosas sem o cabo, as moedas, um perfume, um pente, um espelho e um sabonete, colocando tudo na bacia. Em seguida, pegue a bacia e coloque na água, como se fosse um barco, pedindo à cigana Iasmim abertura de caminhos.

Volte para a beira da praia. Arrume os lenços na outra bacia, com as pontas para fora. Coloque dentro da bacia um pente, um espelho, um perfume, um sabonete e uma escova de cabelo. Leve para a água e ofereça à cigana Iasmim, na força da Deusa do Mar, para que abra o seu caminho; em seguida, coloque a bacia na água como se fosse um barco.

Acenda as velas na areia da praia.

48) Cigana Zaida

1 porção de salada de frutas (pêra, uva verde, banana, melão, laranja e maçã) temperada com açúcar cristal
16 velas azuis
16 rosas brancas
16 moedas atuais

Faça esta oferenda na Lua Cheia.

Leve todo o material para a beira de uma praia. Com um pedaço de pau, desenhe na areia uma grande estrela de cinco pontas. Entre no meio da estrela. Em cada ponta, pelo lado de dentro, espete três rosas, acenda três velas e coloque três moedas. A seguir, fique de pé no centro da estrela, de frente para o mar. Passe a salada no corpo, deixando cair no meio da estrela. Ao terminar, afaste-se um pouco para o lado; acenda a última vela e coloque a última moeda e a última rosa no meio da salada que ficou na areia.

Saia da estrela, ajoelhe-se na areia de frente para o mar e peça abertura de caminhos à cigana Zaida.

OFERENDAS, BANHOS E DEFUMADORES NA FORÇA DO SEU SIGNO E NOS CAMINHOS DOS CIGANOS

1) Oferendas para Fazer um Pedido

Faça a oferenda ao cigano ou cigana ligado ao seu signo, no dia indicado e utilizando o material correspondente ao seu signo, conforme mostra a relação a seguir. Entregue a oferenda sob uma árvore frondosa, fazendo seu pedido.

☆ *Áries*

Dia: segunda-feira.
Cigana: Íris.
Material: 1 vela vermelha, 1 maçã vermelha, 1 rosa vermelha.

☆ *Touro*

Dia: quinta-feira.
Cigano: Tarim.
Material: 1 vela verde, 1 abacate, 1 galho de arruda.

☆ *Gêmeos*

Dia: terça-feira.
Cigano: Ramires.
Material: 1 vela azul, 1 melão, 1 galho de aroeira.

☆ *Câncer*

Dia: quarta-feira.
Cigana: Wlanira.
Material: 1 vela verde-clara, 1 pêra, 1 rosa branca.

☆ *Leão*

Dia: domingo.
Cigana: Sulamita.
Material: 1 vela amarela, 1 pêra, 1 rosa amarela

☆ *Virgem*

Dia: quinta-feira.
Cigano: Kapistiano.
Material: 1 vela verde, 1 mamão, 1 galho de manjericão.

☆ *Libra*

Dia: quarta-feira.
Cigana: Katiana.
Material: 1 vela cor-de-rosa, 1 pêssego, 1 rosa cor- de-rosa.

☆ *Escorpião*

Dia: terça-feira.
Cigano: Pablo.
Material: 1 vela azul, 1 melão, 1 cravo branco.

☆ *Sagitário*

Dia: sexta-feira.
Cigano: Nicolas.
Material: 1 vela branca, 1 cacho de uvas verdes, 1 lírio branco.

☆ *Capricórnio*

Dia: terça-feira.
Cigano: Pedrovik.
Material: 1 vela azul-escura, 1 manga, 1 galho de abre-caminho.

☆ *Aquário*

Dia: sábado.

Cigana: Iasmim.

Material: 1 vela azul-clara, 1 cacho de uva moscatel, 1 rosa branca.

☆ *Peixes*

Dia: segunda-feira.

Cigana: Zingra.

Material: 1 vela lilás, 1 maracujá, 1 violeta lilás.

2) Banhos dos Signos

Para preparar o banho, pegue um pedaço de pano branco e coloque as ervas dentro. Faça uma trouxa e coloque em uma panela com água fervente. Apague o fogo e deixe esfriar. Retire a trouxa, passe-a no corpo e jogue no mato. Ao voltar para casa, tome o banho com a infusão, do pescoço para baixo.

A relação a seguir indica o material e o dia da semana adequados para fazer o banho de cada signo.

☆ *Aries*

Dia: quarta-feira

Material: 7 cravos da índia (sem a bolinha), 7 pétalas de rosa vermelha, 1 colher de açúcar cristal.

☆ *Touro*

Dia: quinta-feira.

Material: manjericão seco, açúcar mascavo.

☆ *Gêmeos*

Dia: terça-feira.

Matéria : canela em pau, açúcar cristal.

☆ *Câncer*

Dia: sábado.

Material: pétalas de rosa branca, erva-doce, 1 flor de colônia, açúcar cristal.

☆ *Leão*

Dia: domingo.

Material: sementes de girassol, dandá-da-costa, açúcar cristal.

☆ *Virgem*

Dia: quinta-feira.

Material: aniz-estrelado, trigo de quibe, macaçá, cravo-da-índia, açúcar cristal.

☆ *Libra*

Dia: quarta-feira.

Material: pétalas de rosa branca seca, cravo-da-índia, açúcar cristal.

☆ *Escorpião*

Dia: sexta-feira.

Material: folhas de eucalipto, açúcar cristal.

☆ *Sagitário*

Dia: sábado.

Material: cânfora.

☆ *Capricórnio*

Dia: segunda-feira.

Material: casca de maçã fresca, erva-doce, canela- em-pau.

☆ *Aquário*

Dia: quarta-feira.

Material: flores de violeta lilás, aniz-estrelado, açúcar cristal.

☆ *Peixes*

Dia: terça-feira.

Material: capim-limão, casca de maçã, cravo-da-índia, canela-em-pau, açúcar cristal.

3) Fumaças (Defumadores) para a prosperidade da sua Família

Para fazer este defumador, é necessário saber com certeza o signo da pessoa que é o principal responsável pela família, principalmente aquele que responde pelo setor financeiro.

Coloque os materiais do defumador em cima de um braseiro aceso. A fumaça deverá ser feita sempre da seguinte forma: primeiro, passe o defumador de dentro para fora; depois, de fora para dentro da casa. A relação a seguir mostra os materiais e os dias da semana indicados para cada signo.

☆ *Aries*
Dia: terça-feira
Material: dandá-da-costa ralado, açúcar mascavo

☆ *Touro*
Dia: quinta-feira
Material: arroz com casca, açúcar cristal

☆ *Gêmeos*
Dia: quarta-feira
Material: bagaço de cana, canela-em-pó, açúcar mascavo

☆ *Câncer*
Dia: sábado
Material: açúcar mascavo, arroz com casca, dandá-da-costa ralado

☆ *Leão*
Dia: domingo
Material: sementes de girassol, arroz com casca, açúcar cristal

☆ *Virgem*

Dia: segunda-feira

Material: cominho-em-pó, canela-em-pó, arroz com casca, açúcar cristal

☆ *Libra*

Dia: quarta-feira

Material: canela-em-pó, cravo-da-índia socado (sem a bolinha), arroz com casca, açúcar cristal

☆ *Escorpião*

Dia:terça-feira

Material: folha de bambu, dandá-da-costa ralado, açúcar mascavo.

No dia seguinte, faça um chá-mate e jogue em cada canto da casa ou limpe a casa com esse chá.

☆ *Sagitário*

Dia: quinta-feira

Material: cânfora socada

No dia seguinte, faça uma água de anil e jogue em cada canto da casa e na porta principal ou portão.

☆ *Capricórnio*

Dia: sábado

Material: capim-limão, macaçá, cravo-da-índia (sem a bolinha), açúcar mascavo, trigo de quibe

☆ *Aquário*

Dia: sábado

Material: capim-limão, canela-em-pau picadinha, açúcar mascavo

☆ *Peixes*

Dia: quinta-feira

Material: gervão, capim-limão, dandá-da-costa ralado, açúcar mascavo

4) Pedras, Talismãs e Pássaros dos Signos

☆ *Aries*
Pedra da Saúde: rodocrosita
Pedra dos Negócios: cornalina
Talismã: olho ou cabeça de cobra seca
Pássaro: tiê

☆ *Touro*
Pedra da Saúde: safira
Pedra dos Negócios: quartzo-citrino amarelo-ouro
Talismã: trevo de quatro folhas
Pássaro: bem-te-vi

☆ *Gêmeos*
Pedra da Saúde: ágata musgosa
Pedra dos Negócios: crisoprásio
Talismã: ferradura
Pássaro: cardeal

☆ *Câncer*
Pedra da Saúde: esmeralda
Pedra dos Negócios: albita
Talismã: estatueta de elefante branco
Pássaro: araponga

☆ *Leão*
Pedra da Saúde: quartzo citrino amarelo-ouro
Pedra dos Negócios: olho de tigre
Talismã: meia-lua em metal dourado
Pássaro: canário belga

☆ *Virgem*
Pedra da Saúde: quartzo-citrino laranja
Pedra dos Negócios: âmbar
Talismã: estrela-de-cinco-pontas
Pássaro: periquito-australiano

☆ *Libra*

Pedra da Saúde: topázio azul
Pedra dos Negócios: peridoto
Talismã: pé de coelho ou estrela de seis pontas
Pássaro: saíra

☆ *Escorpião*

Pedra da Saúde: rubelita
Pedra dos Negócios: obsidiana
Talismã: chifre de boi com um galho de manjericão
Pássaro: calafate

☆ *Sagitário*

Pedra da Saúde: fluorita púrpura
Pedra dos Negócios: ametista
Talismã: figa de madeira
Pássaro: sanhaço

☆ *Capricórnio*

Pedra da Saúde: água-marinha
Pedra dos Negócios: zircônio
Talismã: punhal dourado
Pássaro: sabiá

☆ *Aquário*

Pedra da Saúde: azurita
Pedra dos Negócios: ônix
Talismã: pirâmide
Pássaro: bico-de-lacre

☆ *Peixes*

Pedra da Saúde: turmaiina verde
Pedra dos Negócios: labradorita
Talismã: estatueta de gato em cerâmica branca
Pássaro: coleiro

OFERENDAS, BANHOS E DEFUMADORES NA FORÇA DO SEU SIGNO E DAS FASES DA LUA

1) Lua Nova

– *Oferendas*

Faça estas oferendas sempre que quiser fazer um pedido a um espírito cigano. Siga as instruções específicas da oferenda adequada ao seu signo, preparando-a no local em que faz suas devoções. No dia seguinte, coloque-a debaixo de uma árvore frondosa e faça seu pedido, acendendo outra vela para o cigano ou cigana indicado.

☆ *Áries*

1 fruta (à sua escolha)

1 rosa vermelha

1 vela vermelha folhas de canela

1 prato de papelão

Faça a oferenda numa segunda-feira.

Arrume as folhas no prato. Coloque no centro a fruta. Acenda a vela e o incenso; ofereça à cigana Zimbia Taram.

☆ *Touro*

1 pão árabe

5 morangos

pétalas de rosa amarela

1 vela amarela
1 incenso de rosas
1 prato de papelão dourado

Faça a oferenda numa terça-feira.

Coloque o pão no prato, com os morangos por cima e as pétalas de rosa em volta. Acenda a vela e o incenso e ofereça à cigana Sulamita.

☆ *Gêmeos*

1 melão
folhas de manjericão
1 prato de papelão prateado
1 vela azul
1 incenso de madeira

Faça a oferenda numa segunda-feira.

Coloque as folhas no prato, com o melão por cima. Acenda a vela e o incenso e ofereça ao cigano Pablo.

☆ *Câncer*

pétalas de rosa branca
1 pêra
1 maçã
1 cacho de uvas verdes
1 prato de papelão dourado
1 vela azul-clara
1 incenso de jasmim

Faça a oferenda no sábado.

Coloque as pétalas no prato. Ponha as frutas por cima. Acenda a vela e o incenso e ofereça à cigana Iasmim.

☆ *Leão*

1 melão cortado em 4 fatias
1 prato de papelão dourado

1 cacho de uvas rosadas
1 vela vermelha
1 incenso de *opium*
Faça a oferenda numa terça-feira.

Arrume as fatias do melão abertas no prato. No meio, coloque as uvas. Acenda a vela e o incenso, entregando ao cigano Wladimir.

☆ *Virgem*

5 maçãs vermelhas
1 prato de papelão dourado
pétalas de rosa cor-de-rosa
1 vela cor-de-rosa
1 incenso de canela
Faça a oferenda numa quarta-feira.

Coloque as maçãs no prato, com as pétalas em volta. Acenda a vela e o incenso, oferecendo à cigana Zamira.

☆ *Libra*

1 pão árabe
5 morangos
1 prato de papelão dourado
5 rosas cor-de-rosa
1 vela cor-de-rosa
1 incenso de canela
Faça a oferenda num sábado.

Coloque o pão no prato, com os morangos por cima e as rosas em volta. Acenda a vela e o incenso, oferecendo à cigana Tamíris.

☆ *Escorpião*

1 ramo de flores sempre-vivas
1 lenço colorido

1 cacho de uvas verdes
essência de canela
1 vela verde
1 incenso de canela
Faça a oferenda numa quarta-feira.

Arrume as flores sobre o lenço, no formato de um leque. Ponha as uvas no meio do leque e despeje a essência sobre as flores. Acenda a vela e o incenso, oferecendo à cigana Conchita.

☆ *Sagitário*

1 vasilha com água tingida com anilina azul
7 rosas brancas
1 prato de papelão dourado
1 cacho de uvas verdes
1 vela amarela
1 incenso de rosas

Faça a oferenda num sábado, mas comece a preparar as flores de véspera.

Na sexta-feira, coloque as rosas no jarro com a água tingida, para que fiquem azuladas. No dia seguinte, corte os cabos das rosas e arrume-as no prato, com as uvas no centro. Acenda a vela e o incenso, oferecendo à cigana Carmelita.

☆ *Capricórnio*

6 frutas-de-conde
folhas de manjericão
1 prato de papelão dourado
1 vela vermelha
1 incenso de sândalo
Faça a oferenda numa quarta-feira.

Arrume as frutas e as folhas no prato. Acenda a vela e o incenso, oferecendo ao cigano Rodrigo.

☆ *Aquário*

4 colheres (sopa) de maisena
500 ml de leite
4 colheres (sopa) de açúcar
baunilha
corante para alimentos amarelo
1 fôrma de pudim (pequena) em forma de coração
1 prato de papelão dourado
7 rosas vermelhas
1 vela vermelha
1 vela amarela

Faça a oferenda num sábado.

Faça um mingau grosso com a maisena, o leite, o açúcar e a baunilha; depois de pronto, tinja com o corante amarelo e coloque na fôrma. Deixe esfriar.

Coloque o manjar no prato, com as rosas em volta. Acenda as velas e ofereça à cigana Katiana Natasha.

☆ *Peixes*

7 frutas (à sua escolha)
1 prato de papelão dourado pétalas de rosas amarelas
1 vela amarela
1 incenso de canela

Faça a oferenda numa quinta-feira.

Coloque as frutas no prato, com as pétalas por cima. Acenda a vela e o incenso, oferecendo à cigana Ilarin.

– *Defumadores*

Para usar a fumaça (defumador) da Lua Nova na força do seu signo, você pode fazer, em cada cômodo da casa, um braseiro de carvão, pingando nele uma gota da essência indicada na relação abaixo; ou, se preferir, pode usar varetas de incenso compradas prontas.

☆ *Aries*	- madeira-da-índia
☆ *Touro*	- maçã verde
☆ *Gêmeos*	- lavanda
☆ *Câncer*	- opium
☆ *Leão*	- sândalo
☆ *Virgem*	- rosas
☆ *Libra*	- morango
☆ *Escorpião*	- canela
☆ *Sagitário*	- almíscar
☆ *Capricórnio*	- floral
☆ *Aquário*	- hamamélis
☆ *Peixes*	- jasmim

2) Lua Crescente

– *Oferendas*

A oferenda da Lua Crescente é igual para todos; o que varia, em função do seu signo, são os seguintes detalhes: dia da semana em que deve ser feita; cor dos objetos utilizados; e a cigana a quem a oferenda é feita.

Siga estas instruções gerais, verificando, na relação apresentada a seguir, as características específicas ligadas ao seu signo.

7 pirâmides ciganas na cor indicada (veja mais adiante como confeccioná-las

7 rosas na cor indicada

7 velas na cor indicada

1 prato de papelão laminado na cor indicada

No dia indicado para o seu signo, leve o material para junto de uma árvore frondosa. Arrume as pirâmides no prato, com as rosas ao redor. Passe o prato simbolicamente no corpo e coloque-o junto ao pé da árvore. Acenda as velas e ofereça à cigana indicada para o seu signo.

☆ *Áries*

Dia: terça-feira.

Cigana: íris

Cores: pirâmides vermelhas, rosas amarelas, velas vermelhas, prato dourado.

☆ *Touro*

Dia: sexta-feira

Cigana: Samila

Cores: pirâmides azuis, rosas brancas, velas azuis, prato prateado

☆ *Gêmeos*

Dia: quarta-feira

Cigana: Sulamita

Cores: pirâmides amarelas, rosas amarelas, velas amarelas, prato dourado.

☆ *Câncer*

Dia: segunda-feira

Cigana: Shana

Cores: pirâmides brancas, rosas vermelhas, velas brancas, prato dourado.

☆ *Leão*

Dia: domingo

Cigana: Wlanasha

Cores: pirâmides amarelas, rosas amarelas, velas amarelas, prato dourado.

☆ *Virgem*

Dia: quarta-feira
Cigana: Ariana
Cores: pirâmides verdes, rosas de cores variadas, velas de cores variadas (exceto preta), prato dourado.

☆ *Libra*

Dia: sexta-feira
Cigana: Rosita
Cores: pirâmides cor-de-rosa claro, rosas cor-de-rosa, velas cor-de-rosa, prato prateado.

☆ *Escorpião*

Dia: terça-feira
Cigana: Daquira
Cores: pirâmides vermelhas, rosas amarelas e brancas, velas amarelas e vermelhas, prato dourado.

☆ *Sagitário*

Dia: quinta-feira
Cigana: Travini
Cores: pirâmides azul-turquesas, rosas tingidas de azul (colocar de véspera em água com anilina azul), velas azuis, prato prateado.

☆ *Capricórnio*

Dia: sábado
Cigana: Saramim
Cores: pirâmides de sete cores diferentes (branca, amarela, azul, rosa, verde, vermelha e lilás), rosas vermelhas, velas nas cores das pirâmides, prato dourado.

☆ *Aquário*

Dia: sexta-feira

Cigana: Zingra

Cores: pirâmides lilás, rosas tingidas de lilás (coloque de véspera em água com anilina lilás), velas lilás, prato prateado.

☆ *Peixes*

Dia: sábado

Cigana: Najara

Cores: pirâmides de cores diferentes (branca, rosa, azul, vermelha, verde, amarela, lilás), rosas vermelhas, velas nas cores das pirâmides, prato dourado.

3) Lua Cheia

– *Oferendas*

☆ *Áries*

1 maçã
1 rosa vermelha
1 folha de mamona
1 incenso de canela
1 vela vermelha

Faça a oferenda numa quarta-feira.

Passe a maçã e a rosa no corpo e arrume sobre a folha de mamona. Entregue debaixo de uma árvore frondosa. Espete o incenso na maçã e acenda a vela ao lado. Ofereça à cigana Zaishara.

☆ *Touro*

1 galho de manjericão branco
1 mamão

1 vela verde
1 incenso de sândalo
Faça a oferenda numa quinta-feira.

Passe o mamão e o manjericão no corpo. Arrume a fruta sobre o galho e entregue debaixo de uma árvore frondosa. Acenda a vela e o incenso e ofereça à cigana Shandai.

☆ *Gêmeos*

1 galho pequeno de canela
1 pêra
1 vela vermelha
1 vela amarela

Faça a oferenda numa terça-feira.

Passe a canela e a pêra no corpo. Arrume a fruta sobre o galho e entregue debaixo de uma árvore frondosa. Acenda as velas e ofereça à cigana Travini.

☆ *Câncer*

3 moedas atuais
3 rosas brancas
1 prato de papelão dourado
3 velas brancas

Faça a oferenda no sábado.

Passe as moedas e as rosas no corpo. Arrume no prato e entregue debaixo de uma árvore frondosa. Acenda as velas e ofereça à cigana Luavini.

☆ *Leão*

1 flor de girassol
3 moedas
1 prato de papelão
1 vela amarela

Faça a oferenda num domingo.

Passe o girassol no corpo. Coloque no prato, com

as moedas em volta. Entregue debaixo de uma árvore frondosa. Acenda a vela, oferecendo à cigana Sarracena.

☆ *Virgem*

7 balas brancas
7 cocadas brancas
1 maçã
1 prato de papelão dourado
1 vela azul
Faça a oferenda numa quinta-feira.

Passe no corpo as balas, as cocadas e a maçã; arrume no prato e entregue debaixo de uma árvore frondosa. Acenda a vela, oferecendo à cigana Kadidja.

☆ *Libra*

5 rosas cor-de-rosa
1 maçã
1 prato de papelão
1 incenso de canela
1 vela cor-de-rosa
Faça a oferenda numa quarta-feira.

Passe no corpo as rosas e a maçã; arrume-as no prato e espete o incenso na maçã. Coloque debaixo de uma árvore frondosa. Acenda a vela, oferecendo à cigana Dianka.

☆ *Escorpião*

1 melão
1 folha de taioba
1 porção de açúcar cristal misturado com canela em pó
1 incenso de canela
1 vela azul
Faça a oferenda numa sexta-feira.

Corte o melão ao meio e passe no corpo, simbolicamente; depois coloque-o sobre a folha de taioba, com o açúcar em volta. Coloque debaixo de uma árvore frondosa. Acenda a vela e o incenso, oferecendo ao cigano Dorim.

☆ *Sagitário*

7 pedaços de pano colorido (sem preto)
1 cesta de vime
7 frutas (à sua escolha)
7 moedas
7 espigas de trigo
7 velas coloridas (exceto preta)
Faça a oferenda num sábado.

Passe os panos no corpo e coloque-os na cesta. Passe no corpo as frutas, as moedas e as espigas; arrume tudo na cesta. Coloque a cesta no alto de uma árvore. Acenda as velas, oferecendo à cigana Shana.

☆ *Capricórnio*

3 frutas (à sua escolha)
1 lenço colorido
1 vela amarela
Faça a oferenda numa segunda-feira.

Passe as frutas no corpo. Coloque em cima do lenço e leve para debaixo de uma árvore florida. Acenda a vela, oferecendo à cigana Katrina.

☆ *Aquário*

7 pedaços de fitas coloridas (exceto preta)
7 velas coloridas (exceto preta)
7 maçãs verdes
Faça a oferenda numa quarta-feira.

Leve o material para junto de uma árvore. Passe as fitas no corpo e arrume-as bem retas em volta da árvore, como raios de uma roda. Na ponta de cada fita acenda uma das velas. Passe no corpo as maçãs; coloque cada uma em cima de uma fita. Ofereça à cigana Raíza.

☆ *Peixes*

5 rosas de cores diferentes (branca, rosa, amarela, vermelha e chá)

1 lenço lilás

1 baralho comum

1 maçã vermelha

5 velas coloridas

Faça a oferenda numa terça-feira.

Leve o material para debaixo de uma árvore. Passe no corpo o lenço e arrume no chão. Passe no corpo as rosas e coloque-as em cima do lenço. Passe no corpo o baralho e arrume-o em cima do lenço. No meio, coloque a maçã. Acenda as velas, oferecendo à cigana Najara.

– Banhos com Ervas

Estes banhos são feitos da seguinte maneira: coloque as ervas sobre um pano branco, faça uma trouxa e coloque dentro de uma vasilha contendo dois litros de água fervente. Apague o fogo e deixe esfriar. Retire a trouxa, bata simbolicamente com ela no corpo e jogue-a no mato. Ao chegar em casa, tome o banho com a infu-são, dos ombros para baixo.

A relação a seguir indica as ervas que devem ser usadas nos banhos de cada signo.

☆ *Aries* – 7 grãos-de-bico, 7 cravos-da-índia (sem a bolinha), um pouco de baunilha.

☆ *Touro* – folhas de capim-limão, casca de maçã.

☆ *Gêmeos* – erva-doce, pétalas de rosa branca.

☆ *Câncer* – pétalas de rosa branca, manjericão branco, 7 grãos de milho para galinha.

☆ *Leão* – pétalas de girassol, um pouco de bau nilha.

☆ *Virgem* – flor de buganvília rosa, cravo-da-índia (sem a bolinha).

☆ *Libra* – papoula vermelha, cravo-da-índia (sem a bolinha), canela-em-pau, um pouco de baunilha.

☆ *Escorpião* – 21 grãos de tremoço, canela-em-pau.

☆ *Sagitário* – erva-de-santa-luzia, erva-doce.

☆ *Capricórnio* – folha de abre-caminho, dandá-da-costa ralado.

☆ *Aquário* – trigo de quibe, canela-em-pau, hortelã-miúda, um pouco de baunilha.

☆ *Peixes* – 21 grãos de grão-de-bico, erva-doce, canela-em-pau.

– Banhos de Purificação

O banho de purificação da Lua Cheia é feito com uma garrafa de água mineral sem gás e sete gotas da essência indicada para o seu signo. Aplique o banho do pescoço para baixo. Veja na relação abaixo a essência correspondente a cada signo.

☆ *Aries* – madeira do oriente

☆ *Touro* – maçã verde

☆ *Gêmeos* – lavanda

☆ *Câncer* – opium
☆ *Leão* – jasmim
☆ *Virgem* – rosas
☆ *Libra* – morango
☆ *Escorpião* – canela
☆ *Sagitário* – almíscar
☆ *Capricórnio* – floral
☆ *Aquário* – hamamélis
☆ *Peixes* – sândalo

– Defumadores

☆ *Aries* – casca de maçã, canela-em-pó, açúcar mascavo

☆ *Touro* – manjericão seco, pó de sândalo, açúcar mascavo

☆ *Gêmeos* – folhas de canela seca, íolhas-de-louro, açúcar mascavo

☆ *Câncer* – cravo-da-índia (sem a bolinha), erva-doce, folha-de-louro, açúcar cristal

☆ *Leão* – dandá-da-costa ralado, semente de girassol, arroz com casca, açúcar mascavo

☆ *Virgem* – canela-em-pó, folha-de-louro, açúcar cristal

☆ *Libra* – casca de maçã, fava-de-pichuri ralada, açúcar mascavo

☆ *Escorpião* – folhas de canela, tremoço socado, açúcar cristal

☆ *Sagitário* – aniz-estrelado, trigo de quibe, capim-limão, açúcar cristal

☆ *Capricórnio* – noz-moscada ralada, fava-de-jucá ralada, açúcar cristal

☆ *Aquário* – canela-em-pau picadinha, açúcar mascavo

☆ *Peixes* – mirra, benjoim, canela-em-pó, folha-de-louro, açúcar mascavo

TERCEIRA PARTE

MAGIA CIGANA – A FORÇA DA NATUREZA

A magia cigana trabalha com as quatro forças da natureza: a água, a terra, o ar e o fogo.

Água

Tem significados diferentes, conforme seja a água doce dos rios, dos lagos, das fontes e das cachoeiras, ou a água salgada dos mares.

Terra

Nas tradições ciganas, funciona como uma espécie de filtro magnético que absorve as impurezas e as transforma em elementos puros. Representada, no ritual cigano, pelas moedas, a terra é a energia capaz de aliviar cargas negativas.

Ar

É de natureza dupla; por isso, atua como intermediário entre o mundo material e o espiritual. É representado pelos incensos que libertam as energias.

Fogo

Simboliza a alma e a vida humana. É a energia sexual; é considerado o mais poderoso dos quatro elementos. No ritual do fogo, é representado pelas chamas da vela. Indica a ligação entre matéria e espírito, entre homem e Deus.

1) Magia da Água - o Significado das Águas

– Agua Doce

A água doce habita rios, lagoas, arroios, fontes e cachoeiras. Estas energias simbolizam, para os ciganos, a energia feminina e as emoções do inconsciente, a fertilidade e a maternidade. A água doce conduz uma energia vibrante que liga o ser humano a Deus. Esta água é representada pelo cálice de cristal e é o símbolo da essência divina.

– Água Salgada

A água dos mares recebe os detritos materiais e espirituais. Por esse motivo, o grupo Natasha não gosta de retirar água do mar e levar para dentro de casa: a água do mar recebe todo tipo de energia negativa e, por isso, o mar tem um magnetismo muito perigoso.

– *Banhos Mágicos*

Os banhos são muito importantes na magia, tanto para a purificação quanto para a energização e a realização de encantamentos. Os banhos apresentados a seguir podem ser utilizados por qualquer pessoa que deles sinta necessidade.

☆ Banho de Atração

1 bacia de louça branca
7 pétalas de rosa vermelha
7 pétalas de rosa amarela
7 grãos de milho vermelho (para galinha)

1 noz-moscada ralada
7 pedaços de canela em pau
7 flores de jasmim
7 gotas de essência de jasmim
7 gotas de essência de madeira
3 velas: 1 branca, 1 vermelha, 1 amarela
1 vidro claro e com tampa, que dê para a maior parte da água da bacia

Comece a preparar o banho na primeira noite da Lua Cheia.

Encha a bacia com água e coloque dentro dela todas as ervas e as essências. Em uma área externa da sua casa, acenda as velas dispostas em triângulo, com a bacia no centro. Deixe passar a noite no sereno.

No dia seguinte, coe a quarta parte do banho para outro recipiente. Tome um banho comum e depois banhe-se, com essa água aromática, da cabeça até os pés.

Coloque o banho que sobrou, com todas as ervas, dentro do vidro; se quiser, coloque dentro dele um papel com o nome do seu amor. Tampe o vidro e guarde.

De sete em sete dias, pegue um pouco do líquido que você guardou no vidro e tome outro banho. Repita até completar vinte e um dias.

Observe que você vai tomar um total de quatro banhos; logo, coloque pouca quantidade de água na bacia de cada vez.

Quando você estiver tomando seus banhos, peça que a força das magias ciganas coloque em seu corpo a atração que você deseja.

☆ Banho de Frutas para Afastar a Negatividade

1 maçã
1 pêra
1 melão
1 mamão
1 pedaço de pano branco virgem
1 bacia branca
1 moeda

Este banho deve ser tomado de preferência na Lua Crescente, e nunca na Lua Minguante.

Prepare um suco com as frutas, coando-o no pano para a bacia. Deixe o suco reservado em casa. Leve o pano com o bagaço das frutas para o mar ou para um rio, coloque tudo nas águas e diga:

"Na força das águas da Mãe-Natureza,
estou descarregando toda a negatividade
que me acompanhava."

Ao chegar em casa, leve a bacia com o suco e a moeda para um lugar de onde se possa ver a lua. Banhe-se com o suco da cabeça aos pés, com os pés firmes no chão e a moeda na mão.

Quando terminar de jogar o banho sobre seu corpo, olhe para a lua e diga:

"Estou energizado positivamente, pelas
forças da Mãe-Lua e da Mãe-Natureza."

Em seguida, tome um banho normal, mas sem usar sabonete.

Guarde a moeda em sua carteira de dinheiro, de maneira que não seja vista ou tocada por ninguém.

2) Magia da Terra – o Poder e a Magia das Pedras

O delicado quartzo; a cintilante safira; o diamante, mestre curador; e outros cristais energizados cosmicamente atuam como canalizadores naturais da energia que ligam o plano material ao plano espiritual.

Você também pode entrar em sintonia com o poder de transformação desses cristais. Utilize a clareza e a força que eles têm. Canalize a energia desses minerais mágicos para aumentar sua clarividência e expandir sua consciência espiritual, não esquecendo que a alma dorme nas pedras, sente nos vegetais, agita-se nos animais e evolui no homem.

Vejamos, agora, o efeito de algumas pedras mais importantes para este trabalho.

☆ *Cristal*

É uma pedra universal, que reflete as cores do arco-íris. Transmite energia cósmica; proporciona equilíbrio emocional, físico e mental. É usado para curas e meditações.

☆ *Ametista*

Corresponde ao chakra do terceiro olho. Desenvolve a espiritualidade, protege contra doenças, acalma e tranqüiliza. É usada na insónia e na enxaqueca.

☆ *Citrino*

Ajuda a atrair riquezas da terra, bens materiais. Além disso, equilibra a mente; é indicada para estudos, negócios, relacionamentos interpessoais e familiares.

☆ *Turmalina Rosa*

Faz o coração confiar na força do amor. Desenvolve o amor próprio, gera alegria e entusiasmo pela vida, livra de mágoas passadas.

Observe que cada pedra tem um efeito diferente.

Os cristais têm energia própria e estão aí, auxiliando o homem na passagem para o terceiro milênio.

Quando somado ao efeito das velas místicas, o efeito dos cristais é potencializado, nunca diminuído, porque os dois se harmonizam e se completam para despertar os poderes latentes de um ser.

Cristais e velas têm entre si uma relação tão harmoniosa, que podemos dizer que o cristal é uma vela que se cristalizou, e a vela é um cristal que se acendeu.

– Meditações Usando Cristais

☆ *A Meditação para Obter Dinheiro e Prosperidade*

Deite-se com a barriga para cima e os braços estendidos ao longo do corpo. Na mão esquerda, segure um cristal (um quartzo límpido). Na mão direita, um quartzo verde, uma pirita ou uma turmalina azul.

Concentre-se, por alguns minutos, no ritmo de sua respiração.

Coloque o cristal no terceiro olho (o ponto localizado entre as sobrancelhas).

Visualize a luz desse cristal expandindo-se por todo o seu corpo; concentre-se nela, enquanto respira lenta e profundamente.

Mantendo sua concentração, mentalize prosperidade nos negócios, rendimento em suas produções. Mentalize seu ambiente de trabalho repleto de prosperidade.

Finalmente, relaxe, deixando que a respiração volte suavemente ao seu ritmo normal.

✰ *Meditação para Resolver Conflitos Amorosos*

Deite-se com a barriga para cima e os braços estendidos ao longo do corpo. Respire profundamente, por várias vezes.

Concentre-se por alguns minutos no problema que o aflige, colocando um quartzo rosa ou uma kunzita sobre o coração. Faça cinco inspirações profundas, imaginando que o ar inspirado se espalha sobre seu corpo, retirando o problema que lhe está afligindo.

Agora, visualize uma linda imagem e procure associá-la com a solução do seu problema, ao mesmo tempo em que faz movimentos circulares com a pedra sobre o coração, sem tocar seu corpo.

Imagine que todos os bloqueios à sua felicidade estão sendo eliminados.

Finalmente, relaxe, respirando suavemente e em ritmo normal.

3) Magia do Ar – o Incenso, o Cheiro da Magia

Em todas as tradições religiosas do mundo, o incenso sempre esteve presente como um instrumento de elevação espiritual, além de também ser responsável pela energização dos espíritos ciganos e de outros seres do plano astral.

Não podemos esquecer que um incenso, quando aceso, libera uma fumaça que é a mensageira dos nossos desejos. Por isso, sempre que acendermos um incenso, devemos manter um pensamento positivo.

Os aromas liberados nas fumaças dos incensos atuam em diferentes chakras e têm diversos efeitos. Vejamos alguns exemplos.

☆ *Alfazema* – proporciona equilíbrio emocional e incentiva a busca de realização dos ideais. Não deve ser utilizado por mulheres. Atua no chakra do plexo solar.

☆ *Almíscar – tem um efeito afrodisíaco quando* utilizado por mulheres, pois desperta desejo pelo sexo masculino. Atua no chakra básico.

☆ *Canela* – proporciona autocontrole, ajuda a conter a agressividade e regulariza o apetite. É o incenso da espiritualidade. Atua no chakra básico.

☆ *Arruda* – dá segurança e proteção espiritual; é eficiente na eliminação de energias negativas. Atua no chakra umbilical.

☆ *Mirra* – estimula a intuição e a sensibilidade. Atua no chakra frontal.

☆ *Violeta* – auxilia a recuperar a auto-estima e a confiança, além de eliminar problemas como orgulho e egoísmo. Na tradição religiosa egípcia, era utilizado para artes adivinhatórias. Atua no chakra do plexo solar.

São muitos os incensos aromáticos. Por isso, não há condições de falar sobre eles em tão pouco espaço. O mesmo ocorre com seus efeitos: como não há condições de falar sobre todos eles, citei apenas alguns.

Ao usar um incenso, não esqueça de que as janelas do ambiente devem ficar abertas, para que as energias se renovem.

O incenso nunca deve ser aceso na Lua Minguante.

4) Magia do Fogo – Harmonia Entre a Cor e a Essência das Velas Místicas

Durante um ritual ou uma magia cigana, a cor de uma vela mística e a essência nela inserida precisam estar em perfeita harmonia, para produzirem um clima de sonho e magia, efeitos estimulantes ou relaxantes; e para evitar que efeitos positivos tornem-se negativos.

Portanto, é preciso que você tenha conhecimento de Osmoterapia, que é a terapia através dos aromas, antes de colocar uma essência em uma vela ou de comprar uma vela mística, sem saber que essência foi nela inserida.

São várias as associações harmoniosas entre velas e essências. Vou citar algumas delas, com os efeitos que produzem.

Uma vela verde, com essência de lavanda, produz um efeito de paz.

Uma vela amarela, com essência de alecrim, produz um efeito de prosperidade.

Uma vela azul, com essência de mirra, produz um efeito sobre a saúde.

Uma vela vermelha, com essência de cedro, produz um efeito sobre a sexualidade.

Uma vela branca, com essência de sândalo, produz um efeito sobre a espiritualidade.

Uma vela rosa, com essência de rosas, produz um efeito sobre o amor.

Meditação na Luz de uma Vela

☆ *Orientação geral*

Esta meditação deve ser feita na Lua Crescente ou Cheia.

A cor da vela e da rosa utilizadas na meditação dependerá do que você deseja pedir:

Amor e sexualidade: vela vermelha e rosa vermelha

Saúde: vela azul e rosa branca

Prosperidade no amor: vela cor-de-rosa e rosa cor-de-rosa

Prosperidade financeira: vela amarela e rosa amarela

☆ *Meditação*

Acenda uma vela na cor adequada ao pedido que deseja mentalizar.

De cada lado, à esquerda e à direita da vela, coloque um copo de vidro transparente com água mineral sem gás. No copo da esquerda, coloque uma rosa na cor adequada.

Acenda uma vareta de incenso de canela.

Sentado e relaxado, respirando calmamente, comece a meditar para fazer seu pedido.

Feche os olhos. Mentalize um céu azul. Aos poucos, vá clareando esse azul na sua imaginação. Vá clareando até chegar a um azul bem clarinho, um azul de muita paz. Nesse momento, abra os olhos e faça o seu pedido.

✩ *Após a Meditação*

Deixe a vela apagar; então, beba a água do copo que está sem a rosa.

Deixe a rosa no outro copo, até murchar. Coloque então suas pétalas em um pedaço de pano branco e faça uma trouxinha. Amarre essa trouxinha com linha branca, mas sem dar nó na linha.

Coloque a trouxinha em uma panela com água fervente. Desligue o fogo, tampe a panela e deixe esfriar; está pronto o banho que você vai utilizar.

Retire a trouxinha da panela e bata com ela em seu corpo, simbolicamente, fazendo o seu pedido. Depois, leve essa trouxinha para um jardim bem florido; mas não se esqueça de desamarrá-la.

Ao chegar em casa, tome um banho comum, lavando também a cabeça. Em seguida, tome aquele banho da rosa que você já deixou pronto. Despeje-o também da cabeça aos pés, pedindo paz e tranqüi¬lidade para atingir seus objetivos.

5) Magias Diversas

– Pote da Prosperidade

O Pote da Prosperidade deve ser iniciado em uma noite de Lua Cheia.

Em uma compoteira de vidro transparente, coloque as camadas descritas a seguir, nesta ordem:

1 porção de açúcar cristal
1 porção de ervilhas verdes
uma moeda

1 porção de açúcar cristal
1 porção de lentilhas
uma moeda
1 porção de açúcar cristal
1 porção de arroz com casca
uma moeda
1 porção de açúcar cristal
1 porção de amendoim
uma moeda
1 porção de açúcar cristal
1 porção de grão de bico
uma moeda
1 porção de açúcar cristal
1 porção de trigo em grão
uma moeda
1 porção de açúcar cristal
uma moeda
uma pedra de pirita

Depois de montado, mas aberto (ele nunca deve ser fechado), mostre o pote à Lua Cheia, pedindo-lhe que energize seu Pote de Prosperidade.

Durante a semana seguinte, acenda, a cada dia, uma vela mística, na seguinte ordem:

Primeiro dia:	vela de essência de sândalo
Segundo dia:	vela de essência de alecrim
Terceiro dia:	vela de essência de rosa
Quarto dia:	vela de essência de cedro
Quinto dia:	vela de essência de lavanda
Sexto dia:	vela de essência de mirra
Sétimo dia:	vela de essência de gerânio

No oitavo dia, coloque seu Pote de Prosperidade no local que lhe convier: sua mesa de jogo, seu escritório, seu consultório etc. Mantenha esse pote, no lugar escolhido por você, durante sete meses.

Quando se completarem sete meses, retire as moedas, coloque o restante do conteúdo do pote em cima de um pano estampado (que não tenha a cor preta) e leve para debaixo de uma árvore bem frondosa. Em volta desse pano, acenda sete velas, cada uma em uma das seguintes cores: branco, amarelo, rosa, vermelho, verde, azul e lilás.

Lave o seu Pote da Prosperidade com água de chuva ou água de cachoeira e, com as mesmas moedas que você já havia separado, volte a fazer o ritual do Pote de Prosperidade, exatamente igual ao anterior.

Não esqueça que:

a) As moedas serão sempre as moedas do primeiro pote.
b) O Pote da Prosperidade deve ficar aberto.
c) Somente você pode tocar nesse pote.
d) O período de renovação do Pote da Prosperidade é sempre de sete meses.

– Rosário Cigano

Este rosário possui um mistério muito profundo: só deve ser rezado em casos muito difíceis.

* Material para o Rosário

2 metros de barbante de algodão (grosso)
2 favas de carvalho
2 frutos de noz-moscada
2 favas de pichuri
2 estrelas de cinco pontas
2 favas de olho-de-boi

2 pedaços de guiné
2 pedaços de arruda
2 favas divinas
1 figa de jacarandá (pequena)
1 moeda antiga (grande)

* Outros Materiais 1 vela comum

1 furador
18 argolas de metal
1 régua
1 maçã
1 damasco
1 uva verde
1 morango
meio limão
3 copos de chá preto
1 porção de mel
1 bacia de louça
1 socador de madeira
1 pedaço de pano azul
1 pedaço de pano branco
1 vela azul
1 copo com água mineral sem gás
1 saquinho de pano vermelho

* Modo de Fazer

Passe o barbante na vela comum, para encerá-lo. Fure todas as favas e nozes, os pedaços de guiné e arruda, as estrelas (se não forem furadas), a figa e a moeda; coloque uma argola em cada peça.

* Como Armar o Rosário

Marque a metade do barbante. Coloque aí a moeda e amarre com um nó. Em uma das metades do barbante, marque uma distância de 10 cm, coloque um pedaço de arruda e amarre com um nó. Marque mais 10 cm, coloque um pedaço de guiné e amarre com um nó. Marque mais 10 cm, coloque um olho de boi e amarre com um nó. Marque mais 10 cm, coloque uma estrela e amarre com um nó. Marque mais 10 cm, coloque uma fava de pichuri e amarre com um nó. Marque mais 10 cm, coloque uma fava divina e amarre com um nó. Marque mais 10 cm, coloque uma noz-moscada e amarre com um nó. Marque mais 10 cm, coloque uma fava de carvalho e amarre com um nó. Repita o mesmo processo na outra metade do barbante e junte as duas pontas com a figa. Está pronto o rosário.

* Preparação do Rosário

Deve ser feita na Lua Cheia.

Coloque as frutas picadas na bacia e amasse com o socador. Derrame o chá, misture bem e junte um pouquinho de mel. Ponha o rosário aberto dentro da bacia e deixe no sereno na noite. No dia seguinte, retire o rosário da bacia e deixe secar ao sol. Depois de seco, coloque-o aberto em cima do pano azul. No centro, acenda a vela azul, com o copo com água ao lado.

Está pronto o rosário cigano; guarde-o no saquinho de pano vermelho.

Coe o conteúdo da bacia no pano branco (reservando o líquido). Faça uma trouxa e passe-a nas mãos, pedindo a abertura do chakra das mãos. Depois, jogue a trouxa no mar.

Quando chegar em casa, tome um banho, da cabeça aos pés, com o líquido que sobrou das frutas misturadas com o chá.

* Como Rezar este Rosário Cigano

Esta oração só pode ser rezada na Lua Nova, Crescente ou Cheia, até as oito horas da manhã; e a oferenda para os sete espíritos ciganos, feita a seguir, deve ser entregue até as dez horas da manhã.

Além do rosário, será necessário o seguinte material:

7 velas coloridas (exceto preta)
1 folha de mamona
7 frutas (exceto abacaxi e tangerina)
1 toalha azul
1 vela azul
1 taça de água mineral sem gás

Comece a rezar pela moeda, dizendo: "Pelo metal da sobrevivência neste planeta Terra, eu peço que todo mal seja retirado."

No pedaço de arruda: "Que afaste todo feitiço e malquerença que estejam no caminho desta pessoa."

No pedaço de guiné: "Com a força da natureza, possa esta pessoa se elevar e alcançar seu desejo."

No olho-de-boi: "Com as forças dos espíritos ciganos, sejam retirados todos os maus olhados desta pessoa."

Na estrela: "Que a força das estrelas lhe dê prosperidade e saúde."

Na fava de pichuri: "Que o seu perfume possa sempre lhe dar positividade nesta vida terrena."

Na fava divina: "Que a energia astral possa entrar no corpo desta pessoa, afastando as doenças espirituais da alma e da matéria."

Na noz-moscada: "Que seus caminhos sejam sempre abertos e que nenhuma injustiça o alcance."

Na fava de carvalho: "Que a paz, a harmonia e a doçura de Deus o cubra em todos os momentos da sua vida neste planeta Terra."

Na figa: "Que esta pessoa, de hoje em diante, esteja sempre protegida contra o olho gordo, as perturbações e a feitiçaria."

Depois, com o rosário nas mãos, reze isto:

"Entre portas e portais,
Entre tendas e tendais,
Peço aos espíritos ciganos, novos e velhos,
Pelos que morreram injustiçados,
Pelos que morreram por amor,
Pelos que morreram com doenças,
Pelos que morreram debaixo de ferro frio,
Pelos que morreram queimados,
Pelos que morreram afogados,
Pelos que morreram enforcados,

Que todos estes espíritos ciganos, que conseguiram a luz divina, possam retirar desta pessoa todo mal.

Que Deus lhe dê sempre a luz eterna, para que possa ajudar a todos que estiverem necessitados."

* Oferenda

Imediatamente após fazer a oração, leve as frutas, a folha de mamona e as velas para junto de uma árvore frondosa. Acenda as velas debaixo da árvore, coloque as frutas em cima da folha e ofereça aos sete espíritos ciganos.

* Limpeza do Rosário

Depois de rezar a oração, coloque o rosário aberto em cima da toalha azul. Acenda a vela azul e coloque ao lado a taça com água. Depois, limpe o rosário deixando-o no sereno em uma noite de Lua Nova, Crescente ou Cheia.

Feito isto, guarde o rosário no saquinho vermelho. Esta limpeza deve ser feita sempre que o rosário for usado.

– Pirâmides Ciganas

6 a 8 colheres (sopa) de maisena
500 ml de leite
4 colheres (sopa) de açúcar
corante para alimentos na cor desejada
folha de bananeira passada no fogo para ficar flexível (ou papel manteiga, se não conseguir a folha)
1 folha de papel ofício
tesoura

Dobre um dos lados do papel ofício em diagonal, formando um triângulo. Corte a tira que sobra no papel, além desse triângulo, e desdobre a folha; você terá um quadrado de papel que será o molde para as formas das pirâmides.

Marque esse molde na folha de bananeira ou no papel manteiga, tantas vezes quantas forem as pirâmides que deseja fazer. Recorte todas as peças.

Dobre o quadrado na diagonal, formando um triângulo; dobre novamente, fazendo um triângulo ainda menor. Dobre ainda uma vez, apenas para marcar o meio do lado do triângulo, e desfaça esta última dobra. Abra a base do triângulo, como se ele fosse um copinho de papel; acentue os vincos das dobras que saem da ponta do copinho, para fazer os quatro lados da pirâmide (veja a ilustração da página 127).

Faça um mingau grosso com a maisena, o leite e o açúcar. Depois de pronto, misture o corante para dar

CONFECÇÃO DO MOLDE

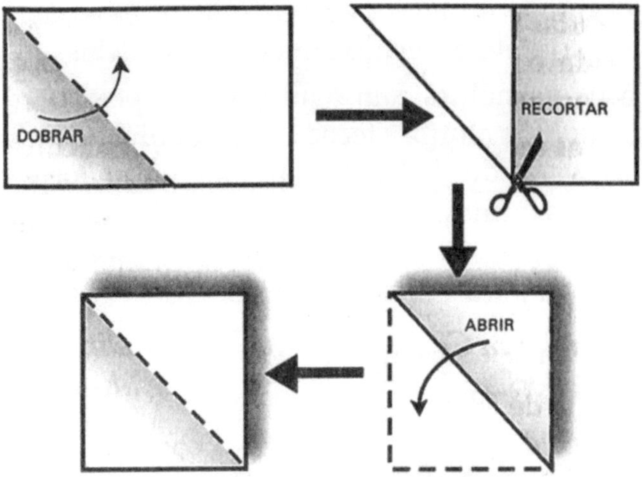

CONFECÇÃO DA FORMA

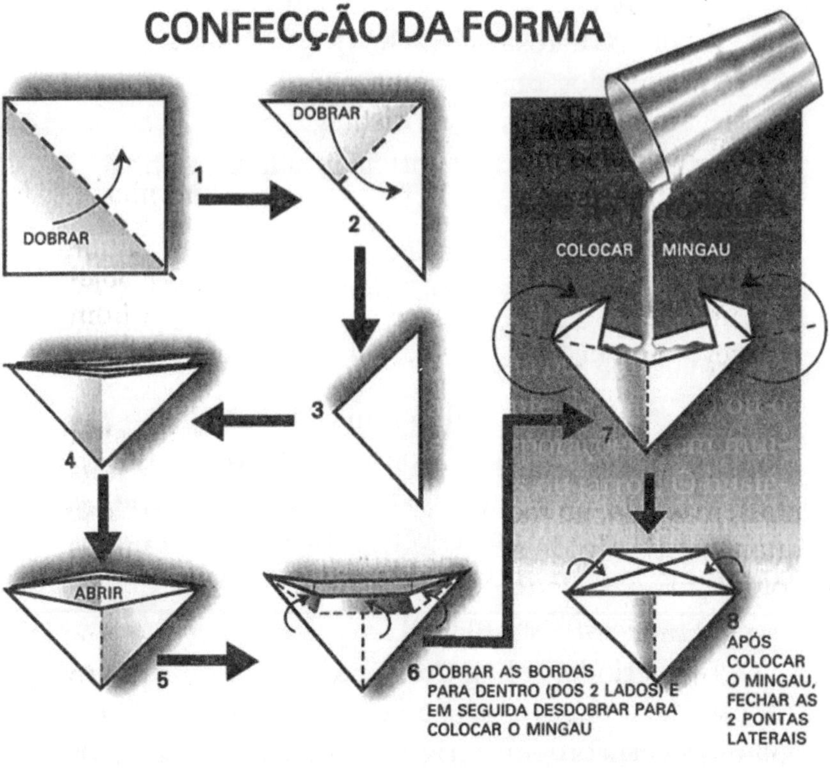

a cor desejada. Se precisar de pirâmides em várias cores, divida o mingau nas porções necessárias e coloque o corante desejado em cada uma delas.

Encha os moldes com o mingau, até pouco acima da metade da altura, e feche a base, dobrando para dentro as sobras dos lados do copinho. Assim que esfriar, retire as fôrmas; estão prontas as pirâmides.

– Magia para Conseguir Algo Muito Difícil

1 vasilha de louça branca
1 pedaço de papel novo
6 punhados de trigo de quibe
6 punhados de arroz com casca
6 rabanetes
6 botões de rosa vermelha
6 punhados de açúcar cristal
6 moedas atuais
6 colheres (sopa) de hortelã miúda picadinha
7 velas vermelhas

Esta magia é para você conseguir atingir um objetivo que seja muito difícil, como conseguir um bom emprego, aumentar suas vendas ou conseguir um número maior de clientes.

Quando eu digo "algo muito difícil", não estou dizendo que são coisas impossíveis. São coisas normais, mas que, no momento, não estão acontecendo e, quanto mais rápido acontecerem, melhor. Não vamos confundir "algo muito difícil" com "milagre".

Vejamos então a magia:

Em período de Lua Crescente, coloque, no fundo da vasilha, o papel com seu pedido escrito. Por cima, coloque, nesta ordem: o trigo, o arroz, os rabanetes, os botões de rosa, o açúcar, as moedas e a hortelã. Coloque essa vasilha em um lugar seguro, em sua casa ou local de devoção.

Durante seis dias, acenda uma vela ao lado da vasilha. No sétimo dia, coloque a vasilha em cima de uma árvore bem frondosa. Embaixo da árvore, acenda a última vela, repita seu pedido e ofereça à cigana Ariana.

– Magia para Prosperidade Conjugai

1 pedaço de papel amarelo
1 prato de papelão dourado
5 maçãs assadas
1 porção de pó feito de cavalo-marinho moído, misturado com açúcar
5 rosas amarelas
5 velas amarelas

Esta magia deve ser feita num período de Lua Crescente e em dia de sol radiante.

Escreva o seu pedido no papel e coloque-o no prato. O pedido deve ser escrito a lápis.

Em cima do seu pedido, coloque as maçãs assadas, que já devem estar frias. Pulverize as maçãs com o pozinho feito de cavalo-marinho com açúcar. Em cada maçã, espete uma rosa.

Procure uma árvore bem frondosa. Mostre sua oferenda ao Sol e peça-lhe que energize seu pedido com seus raios. A seguir, coloque a oferenda embaixo da árvore.

Acenda duas velas de cada lado e uma na frente do prato. Entregue a oferenda à cigana Nazira.

– *Magia para os Ciganos Guardiães Acalmarem uma Pessoa*

1 pedaço de papel verde
2 folhas de alface
1 porção de mel ou açúcar mascavo
1 prato branco
1 porção de açúcar cristal
2 velas de sete dias brancas
2 velas brancas comuns

Escreva o nome da pessoa, a lápis, no papel. Ponha-o em cima de uma das folhas de alface. Em seguida, coloque por cima o mel ou açúcar. Cubra com a outra folha de alface, como se fosse um sanduíche. Coloque no prato e cubra com o açúcar cristal. Ofereça à cabeça da pessoa, com as duas velas de sete dias.

Depois de sete dias, leve para o pé de uma árvore. Acenda as duas velas comuns e ofereça aos guardiães dessa pessoa, pedindo para acalmá-la para você.

– *Magia para Resolver um Problema Difícil ou Atingir um Objetivo, na Força da Cigana Carmelita*

1 raiz de aipim
1 prato de papelão dourado
1 pedaço de papel branco
1 tomate bem vermelho e durinho
pétalas de rosas, da cor de sua preferência
mel
1 vela da cor de sua preferência

Rale o aipim cru e coloque no prato. Escreva seu pedido no papel branco e coloque-o em cima do aipim.

Em cima do papel, coloque o tomate. Em volta do tomate, coloque as pétalas de rosas. Em cima de tudo isso, coloque um fio de mel.

Leve essa oferenda para a beira de um rio. Acenda a vela e ofereça à cigana Carmelita.

– *Magia para Prosperidade no seu Lar ou no seu Trabalho, na Força do Arco-íris*

diversas fitas coloridas (quantas quiser), em cores variadas (exceto preta)
o mesmo número de moedas antigas douradas, furadas
essência de maçã verde

Faça uma trança com as fitas. Use quantas fitas quiser e as cores que desejar, exceto a cor preta. Pendure uma moeda na ponta de cada fita. Passe ligeiramente nessa trança a essência de maçã verde, e peça aos espíritos ciganos, na força do arco-íris, muita paz, saúde, amor e prosperidade para sua família ou para o seu ambiente de trabalho.

Depois, pendure esta trança atrás da porta de entrada de sua casa ou de seu local de trabalho.

Com certeza, você obterá tudo que deseja.

– *Magia do Cristal para Fazer um Pedido ao Cigano Wlais*

Para fazer um pedido ao cigano Wlais, prepare a seguinte oferenda, na Lua Crescente, às 18 horas de uma sexta-feira:

1 cristal de quartzo límpido
1 botão de rosa branca

1 estrela de seis pontas prateada
1 copo fino de cristal
água mineral sem gás
4 moedas prateadas atuais
1 vela mística com aroma de sândalo
essência de sândalo
1 bastão de incenso de sândalo
1 prato de vidro ou cristal
1 porção de água de chuva

Lave o cristal na água de chuva e deixe secar naturalmente. Coloque no prato. Em cima do cristal, coloque a estrela, em pé. Dos lados, coloque as moedas, que significam os quatro cantos do mundo. Em cima de tudo, borrife a essência. Ponha do lado direito o copo com água mineral; do esquerdo, a vela mística; na frente, o incenso.

Segure a rosa nas mãos e peça o que quiser ao cigano Wlais. Depois de rezar sua oração, coloque a rosa dentro do copo.

– Magia do Amor com Almofada Colorida

1 pedaço de cartolina do tamanho desejado para a almofada
tiras de panos de diversas cores (exceto preta), lisas
agulha, linha, tesoura
folhas de canela na quantidade necessária para encher sua almofada
1 pedra bruta de quartzo rosa
1 sol dourado
1 estrela de seis pontas dourada
1 moeda antiga dourada
essência de canela

Faça um pouco de chá com algumas folhas de canela. Ponha o cristal de molho neste chá por 24 horas e depois deixe secar ao sol, para limpá-lo.

Risque, na cartolina, um coração do tamanho que desejar.

Emende as tiras de pano, até formar uma peça em que possa cortar duas vezes o coração que desenhou.

Coloque o molde de cartolina sobre as tirinhas emendadas e corte duas vezes o coração. Costure as duas peças, para formar a almofada. Recheie com as folhas de canela (não as que foram usadas para o chá).

Feche a almofada e coloque-a em cima da mesa de sua preferência. No centro da almofada, coloque o cristal (já limpo). Do lado direito da pedra, coloque o sol e, do lado esquerdo, a estrela. Atrás da pedra, coloque a moeda. Pingue gotas da essência por cima de tudo.

Na primeira noite da Lua Cheia, mostre sua almofada à Lua e entregue-a à cigana de sua aura, mesmo que você não saiba quem ela seja, e peça a esta cigana que faça a magia de amor para você.

– Magia das Pirâmides Ciganas

7 pirâmides ciganas cor-de-rosa

1 prato de papelão dourado

7 rosas amarelas

1 vela amarela comum

Coloque as pirâmides no prato, com as rosas em volta. Coloque a oferenda em cima de uma árvore frondosa, acenda a vela debaixo da mesma e ofereça à cigana Conchita, fazendo seu pedido.

– Magia das Fatias de Pão

7 fatias de pão de fôrma
1 doce cristalizado
1 moeda
1 porção de hortelã picadinha
açúcar cristal
canela em pó
7 rosas vermelhas
1 vela vermelha
1 prato de papelão dourado

Coloque no centro do prato o doce, a moeda e a hortelã misturada com açúcar e canela. Arrume as fatias de pão em volta. Coloque as rosas em volta do pão. Passe o prato arrumado simbolicamente no corpo, e peça às ciganas andarilhas e aos guardiões que abram seus caminhos.

Entregue no pé de uma árvore frondosa na beira de uma estrada, com a vela acesa ao lado.

– Magia do Galho de Canela

1 galho de canela
1 vela branca
7 laranjas
1 prato de papelão prateado
açúcar comum
canela em pó
7 velas de cores variadas (exceto preta)
cravo-da-índia
dandá-da-costa
1 colher de açúcar cristal

Vá, levando o galho de canela e a vela branca, para uma estrada de barro. Lá chegando, vá batendo simbolicamente no corpo com o galho até encontrar uma árvore seca. Coloque o galho no pé da árvore, junto com a vela acesa, e faça seu pedido.

Depois de passados três dias, volte ao mesmo lugar, levando o prato com as laranjas descascadas e polvilhadas com canela e açúcar comum; acenda as sete velas coloridas e volte a fazer seu pedido à cigana Katiana Natasha.

Quando chegar em casa, tome um banho (da cabeça aos pés) feito com cravo-da-índia (sem a bolinha) misturado com o dandá-da-costa e o açúcar cristal. Coloque no bolso sete cravos-da-índia (sem a bolinha), para lhe dar sorte.

– Magia para Abrir seus Caminhos Amorosos

5 frutas à sua escolha (exceto abacaxi e tangerina)
5 doces à sua escolha (exceto rocambole)
5 balas de coco
5 bijuterias
1 vidro de perfume, de preferência com essência de rosas
1 cesta de vime
5 rosas amarelas
5 velas amarelas

Passe em seu corpo as frutas, os doces, as balas e as bijuterias. Coloque tudo na cesta, enfeite com as rosas e ofereça à cigana Pogiana. Passe no corpo o vidro de perfume. A seguir, abra-o e jogue algumas gotas do perfume na cesta; feche o vidro novamente e coloque na cesta.

Acenda duas velas de cada lado e uma na frente da cesta; peça à cigana Pogiana que abra seus caminhos amorosos, colocando neles uma pessoa ideal para você.

– Uma Proteção para o seu Lar Contra a Inveja e o Olho-Grande

1 punhado de areia de cachoeira
2 olhos de peixe de água doce
2 galhos de arruda macho
1 folha de erva-de-santa-luzia
1 fava de carvalho
1 punhado de dandá-da-costa ralado
1 punhado de açúcar cristal
1 jarro de vidro transparente
1 pedaço de pano verde
1 vela de cera de 30 cm

Importante: Apanhe a areia na cachoeira na força da Lua Cheia, até as 10 horas da manhã; ao apanhar a areia, deixe uma moeda na cachoeira.

Coloque a areia no jarro. Em cima, bem no meio da areia, coloque os olhos de peixe. Cubra com açúcar cristal. No meio do açúcar, coloque a fava de carvalho. Coloque mais açúcar por cima de tudo, jogue o dandá-da-costa e espete os galhos de arruda no meio de tudo.

Tampe a jarra com o pano; mostre-a à Lua Cheia e peça-lhe que afaste de seu lar as negatividades, a inveja e o olho-grande. Acenda a vela e ofereça ao povo cigano, para que nunca o olho mau atinja seu lar.

– Para Você Ter Paz

1 cesta de vime
1 bandeira azul
7 frutas

7 flores de trigo
7 moedas
7 velas azuis
1 chumaço de algodão de tamanho suficiente para forrar o fundo da cesta
água mineral
anilina azul
7 velas coloridas

Misture a água com anilina, até fazer um tom de azul bem bonito. Coloque o algodão nessa água por 30 minutos. Retire-o, esprema-o e deixe-o secar. Depois, forre a cesta com ele, coloque as frutas por cima e enfeite com as flores de trigo espetadas nas frutas em círculo e coloque a bandeira espetada em uma fruta no centro da cesta. Pegue as moedas, sacuda-as nas mãos enquanto faz seu pedido, e coloque-as dentro da cesta.

Levante a cesta sete vezes acima da cabeça e torne a repetir seu pedido. Coloque-a em cima de uma árvore frondosa e acenda as velas no pé da mesma, pedindo ao cigano Taiam a sua paz.

– Para Obter Êxito em Qualquei Tipo de Comércio

1 moringa de barro pintada de várias cores
1 porção de água de cachoeira
7 moedas lavadas em água corrente
7 grãos de milho
noz-moscada ralada
7 folhas de dinheiro-em-penca
7 folhas de dólar
dandá-da-costa ralado
1 folha da fortuna
1 vela de 30 cm

Faça a magia numa quinta-feira.

Coloque a água dentro da moringa. Junte as moedas, o milho, a noz-moscada, os três tipos de folhas e o dandá-da-costa. Acenda a vela e coloque atrás do balcão.

Todos os dias, antes de abrir o estabelecimento, derrame um pouco dessa água de dentro para fora e de fora para dentro.

Quando a água acabar, leve o conteúdo que ficou na moringa para dentro de um banco e volte a fazer tudo de novo.

Peça ao povo cigano movimento de dinheiro para sua casa comercial.

– Para Pedir Abertura de Caminhos para Conseguir um Emprego

5 claras batidas em neve com açúcar
1 cacho de uvas verdes
2 velas brancas
1 prato de papelão dourado

Coloque as claras no prato; no meio, arrume o cacho de uvas. Acenda uma vela e peça a Santa Clara nos caminhos dos ciganos que clareie seus caminhos para encontrar um emprego.

Quando a vela terminar, coloque a oferenda no alto de uma árvore frondosa. Acenda a outra vela no pé da mesma e volte a fazer seu pedido.

– Para não Faltar Dinheiro em Casa

1 romã grande
1 saquinho de cetim amarelo

1 moeda atual
1 moeda antiga
1 ímã em forma de ferradura
1 fava de olho-de-boi
1 noz-moscada inteira
1 pedaço de ouro, 1 de prata e 1 de cobre
1 fita amarela
1 faca virgem

Com a faca virgem, faça um corte em cruz em cima da romã, sem deixar que as partes se separem. Em seguida, coloque a romã para secar ao sol durante 21 dias. Passado esse tempo, retire todos os caroços da romã. Coloque-os no saquinho junto com as moedas, o ímã, o olho-de-boi, a noz-moscada e os pedaços dos metais. Feche o saquinho com a fita.

Agora vamos ver os caminhos desse saquinho, que fará seis saídas em seis dias seguidos.

Sua primeira saída será em um domingo: leve-o a uma igreja e assista a uma missa.

Na segunda-feira, entre com ele em uma agência bancária bem movimentada.

Na terça-feira, leve-o a um mercado bem movimentado.

Na quarta-feira, leve-o até um shopping onde o movimento seja bem grande.

Na quinta-feira, leve-o a um lugar onde exista um rio ou uma cachoeira.

Na sexta-feira, volte com ele a uma igreja, vá até o altar e diga estas palavras: "Senhor, que este saquinho seja a minha prosperidade, que nunca falte dinheiro para minha sobrevivência e de todos da minha família."

No sábado, bata simbolicamente com o saquinho nos quatro cantos da casa, pedindo prosperidade e fartura para seu lar; depois, pendure-o atrás da porta de entrada (se sua casa não tiver laje, pendure-o no forro).

– Para um Homem Obter Prosperidade para Si

1 melão
1 prato de papelão prateado
folhas de manjericão

Corte o melão em fatias. Coloque-o no prato, por cima das folhas de manjericão. Ofereça ao cigano de sua aura ou a um cigano de sua simpatia.

– Para um Homem Atrair o Amor de uma Mulher

1 prato de papelão dourado
frutas da sua preferência (exceto abacaxi e tangerina)
mirra

Arrume as frutas no prato; coloque a mirra por cima.

Faça seu pedido e ofereça ao cigano de sua aura ou a um cigano de sua preferência.

– Para Aumentar o Desejo Sexual

6 quibes fritos
1 prato de papelão
folhas ou flores de jasmim

Esta magia é útil principalmente para pessoas que sofrem de impotência e frigidez.

Forre o prato com as folhas ou flores de jasmim. Coloque os quibes por cima.

O homem deve oferecer ao cigano e a mulher, à cigana, de sua aura ou de sua simpatia.

– Para Atrair Sorte e Positividade para o Amor e Paz para o Seu Lar

1 cesta de vime
folhas de sabugueiro ou de verbena
frutas à sua escolha

Forre a cesta com as folhas; coloque por cima as frutas.

Ofereça à cigana da sua aura ou a uma cigana de sua simpatia.

– Para Obter Fertilidade ou Encontrar um Amor Fiel

6 quibes fritos
1 prato de papelão
cravos vermelhos

Coloque os quibes no centro do prato. Ao redor deles, enfeite com os cravos.

Ofereça ao cigano de sua aura ou a um cigano de sua simpatia.

– Pó de Atração para ser Usado Somente por Mulheres

1 fava de pichuri ralada
1 noz-moscada ralada
coentro seco

salsinha seca
erva amor-agarradinho seca
casca de maçã seca

Misture tudo e transforme em um pó.

Passe em seu corpo quando estiver com seu amor ou quando for ao seu encontro, ou em busca de um amor.

– Pó para os Homens Aumentarem sua Disposição para o Amor

erva amor-agarradinho seca
noz-moscada ralada
salsinha seca
folha de dólar seca
1 fava de pichuri ralada
1 fava de aridan ralada
pó de sândalo

Misture tudo e transforme em pó.

Passe em seu corpo antes daqueles momentos especiais com seu amor.

– Magia para o Amor com Velas Cor-de-rosa

1 prato pequeno branco ou rosa, virgem
4 velas comuns cor-de-rosa
essência de rosas
2 taças transparentes
água de chuva
água mineral sem gás
2 bastões de incenso de rosas
2 maçãs vermelhas

Esta magia só pode ser feita em noite de Lua Crescente; e somente você poderá colocar as mãos na sua magia.

Firme duas velas no prato. Passe essência nelas (exceto nos pavios). Em cada lado do prato, coloque uma das taças. Na taça que ficou do lado direito, coloque a água de chuva; no que ficou do lado esquerdo, coloque a água mineral. Atrás do prato, acenda o incenso. Acenda as velas e inicie a magia com a seguinte oração:

"Eu consagro esta magia com os antigos místicos elementos da água, do fogo e do ar. Todos os espíritos malignos serão afastados para sempre dos caminhos de ...... e ...... (cite o nome do casal), assim como todas as negatividades e obstáculos. As vibrações positivas e amorosas entrarão para sempre em nossos corações. Abençoada seja esta magia, em nome dos espíritos ciganos. Entre ...... e ...... só existirá amor e carinho."

Aguarde a primeira noite de Lua Cheia. Nessa noite, coloque uma das maçãs em cima de cada uma das taças. Com as outras duas velas e o outro bastão de incenso, repita a magia como fez da primeira vez.

Na próxima Lua Nova, coloque as maçãs embaixo de uma árvore frondosa.

6) Magias para o Final de Ano

– Fumaças para o Ultimo Dia do Ano

Use, no final do ano, o defumador que corresponda ao seu signo.

☆ *Áries* – cravo-da-índia (sem a bolinha) canela em pó e açúcar mascavo.

☆ *Touro* – arroz com casca, canela em pó e açúcar cristal.

☆ *Gêmeos* – casca de laranja, casca de maçã, casca de pêra e açúcar cristal.

☆ *Câncer* – folha de rabanete seca, canela-em-pau quebradinha, açúcar mascavo.

☆ *Leão* – sementes de girassol, arroz com casca, dandá-da-costa ralado e açúcar cristal.

☆ *Virgem* – essência de canela.

☆ *Libra* – uma espiga de trigo, arroz com casca, trigo de quibe, canela em pó e açúcar mascavo.

☆ *Escorpião* – folhas de canela, erva-doce, cravo-da-índia e açúcar mascavo.

☆ *Sagitário* – aniz-estrelado, trigo de quibe, capim-limão e açúcar cristal.

☆ *Capricórnio* – pétalas de rosa secas, folhas de canela e açúcar cristal.

☆ *Aquário* – mirra, benjoim, cravo-da-índia, folha de canela e açúcar cristal.

☆ *Peixes* – folhas de eucalipto, cravo-da-índia e açúcar mascavo.

– Banhos para Prosperidade e Abertura de Caminhos para o Próximo Ano

Estes banhos devem ser tomados no dia 31 de dezembro, somente do pescoço para baixo, em qualquer horário.

☆ *Aries* – folha de melão e açúcar cristal.

☆ *Touro* – sete flores de palma cor-de-rosa e açúcar mascavo.

☆ *Gêmeos* – casca de laranja, casca de maçã, casca de pêra e açúcar cristal.

☆ *Câncer* – pétalas de rosa amarela e açúcar cristal.

☆ *Leão* – folhas de pára-raio e açúcar cristal

☆ *Virgem* – folhas de jurema e açúcar mascavo.

☆ *Libra* – trigo de quibe, folha de canela e açúcar cristal.

☆ *Escorpião* – folhas de canela, erva-doce, cravo-da-índia e açúcar cristal.

☆ *Sagitário* – água de anil, dinheiro-em-penca e açúcar cristal.

☆ *Capricórnio* – folha de elevante, água mineral sem gás e açúcar cristal.

☆ *Aquário* – uma rosa branca, cravo-da-índia, erva-doce, canela em pau e açúcar cristal.

☆ *Peixes* – folha de abre-caminho, cravo-da-índia e açúcar.

– *Oferendas para Abrir seus Caminhos no Fim do Ano*

☆ *Aries*

1 prato de papelão dourado
1 melão cortado em quatro fatias
4 pirâmides ciganas amarelas
4 moedas atuais
1 vela amarela

Arrume as fatias de melão no prato. Sobre cada fatia, coloque uma pirâmide. No alto de cada pirâmide, coloque uma moeda. Passe todo o conjunto simbolicamente no corpo e coloque-o no pé de uma árvore frondosa. Acenda a vela e peça à cigana Conchita o que você quer.

☆ *Touro*

7 palmas cor-de-rosa
7 pirâmides ciganas cor-de-rosa

7 velas cor-de-rosa

7 pedaços de papel cor-de-rosa com seu pedido escrito

Leve todo o material para junto de uma árvore frondosa. Arrume as palmas em leque embaixo da árvore. Sobre cada palma, coloque um papel; sobre cada papel, coloque uma pirâmide. Acenda as velas juntas na frente do leque e ofereça à cigana Damira.

☆ *Gêmeos*

1 porção de salada de frutas

1 prato de papelão prateado

5 rosas, cada uma de uma cor: branca, vermelha, amarela, rosa e chá

1 pirâmide cigana azul

5 velas, cada uma de uma cor: branca, rosa, vermelha, amarela e azul

Coloque a salada no prato, com as rosas em volta e a pirâmide no centro. Passe-o simbolicamente no corpo e coloque-o debaixo de uma árvore frondosa. Acenda as velas e ofereça à cigana Daquira.

☆ *Câncer*

5 rabanetes

1 prato de papelão prateado

5 botões de rosa amarelos

5 pirâmides ciganas amarelas

5 velas brancas

Coloque os rabanetes no centro do prato. Arrume em volta as flores, intercaladas com as pirâmides. Passe-o simbolicamente no corpo. Leve-o para debaixo de uma árvore frondosa, acenda as velas e ofereça à cigana Katiana Natasha.

☆ *Leão*

6 frutas-de-conde
1 prato de papelão dourado
3 pirâmides ciganas brancas e 3 vermelhas
6 moedas
3 velas brancas e 3 vermelhas

Coloque as frutas no centro do prato. Em volta, arrume as pirâmides. Coloque uma moeda sobre cada pirâmide. Passe-o simbolicamente no corpo e coloque-o embaixo de uma árvore frondosa, com as velas acesas, oferecendo ao cigano Nicolis.

☆ *Virgem*

1 melancia
7 botões de rosa branca
7 pirâmides ciganas brancas
7 espigas de trigo
7 velas cor-de-rosa

Corte a melancia no formato de uma cesta com alça. No meio, coloque os botões de rosa. Coloque em volta as pirâmides e espete as espigas. Passe a cesta simbolicamente no corpo e coloque-a no pé de uma árvore frondosa, com as velas acesas, oferecendo à cigana Samila.

☆ *Libra*

1 melancia
7 botões de rosa cor-de-rosa
7 pirâmides ciganas brancas
7 espigas de trigo
7 velas cor-de-rosa

Corte a melancia no feitio de uma cesta com alça. Coloque os botões de rosa bem no meio. Coloque em volta as pirâmides e espete as espigas. Passe a cesta simbolicamente no corpo e coloque-a no pé de uma árvore frondosa, com as velas acesas, oferecendo à cigana Samila.

☆ *Escorpião*

7 galhos de canela
7 maçãs
7 pirâmides ciganas coloridas
7 moedas
7 velas coloridas

Leve todo o material para junto de uma árvore frondosa. Passe os galhos no corpo e arrume embaixo da árvore. Passe as maçãs no corpo e coloque em cima dos galhos. Ao lado das maçãs, coloque as pirâmides; sobre as pirâmides, coloque as moedas. Acenda as velas e ofereça à cigana Pogiana.

☆ *Sagitário*

7 palmas tingidas de azul (deixadas de um dia para o outro em uma jarra com água com anilina azul)
1 lenço colorido
7 pirâmides ciganas azuis
essência de almíscar
7 moedas
7 velas azuis

Leve todo o material para junto de uma árvore frondosa. Coloque o pano no chão. Passe as flores no corpo e coloque sobre o lenço, junto com as pirâmides. Jogue essência em cima de tudo. Passe as moedas no corpo e jogue sobre o lenço, pedindo abertura de caminhos à cigana Ariana. Acenda as velas juntas na frente do lenço.

☆ *Capricórnio*

7 pedaços de pano, cada um em uma cor: branca, rosa, vermelha, azul, amarela, lilás e verde
7 pirâmides ciganas, cada uma na cor de um dos panos
7 maçãs
7 botões de rosa cor-de-rosa

Leve todo o material para junto de uma árvore frondosa. Passe os panos no corpo e arrume-os em leque embaixo da árvore. Sobre cada pano coloque a pirâmide da sua cor, uma maçã e uma rosa. Ofereça à cigana Carmelita e faça seu pedido.

☆ *Aquário*

7 flores lilás
7 pirâmides ciganas brancas
7 botões de rosa branca
7 pedaços de pano lilás
7 velas brancas

Leve todo o material para junto de uma árvore frondosa. Passe os panos simbolicamente no corpo e arrume em volta da árvore. Coloque as flores, as pirâmides e as rosas sobre os panos. Acenda as velas em volta da árvore e ofereça à cigana Zingra.

☆ *Peixes*

1 bolo comum
7 rosas vermelhas
7 pirâmides ciganas brancas
7 velas vermelhas

Coloque as rosas bem no centro do bolo, com as pirâmides em volta. Passe o prato simbolicamente no corpo. Coloque-o no mato, com as velas, e ofereça à cigana Kadidja.

Este livro foi impresso em dezembro de 2014, na Impressul, em Jaraguá do Sul.
O papel de miolo é o offset 75g/m² e o de capa cartão 250g/m².